忆 闻

北大清华的那些大师

————

阿 忆/著

人民出版社

责任编辑：忽晓萌
责任校对：张红霞
版式设计：汪　莹

图书在版编目（CIP）数据

忆闻：北大清华的那些大师 / 阿忆 著 . —北京：
　　人民出版社，2016.3（2017.2 重印）
ISBN 978－7－01－015862－4

I. ①忆… 　II. ①阿… 　III. ①知识分子－生平事迹－中国－现代
　IV. ① K825.4

中国版本图书馆 CIP 数据核字（2016）第 033645 号

忆　闻
YI WEN

北大清华的那些大师

阿　忆 著

人民出版社 出版发行
（100706　北京市东城区隆福寺街 99 号）

北京汇林印务有限公司印刷　新华书店经销

2016 年 3 月第 1 版　2017 年 2 月北京第 3 次印刷
开本：710 毫米 × 1000 毫米 1/16　印张：13
字数：140 千字　印数：7,001－10,000 册

ISBN 978－7－01－015862－4　定价：36.00 元

邮购地址 100706　北京市东城区隆福寺街 99 号
人民东方图书销售中心　电话：（010）65250042　65289539

目 录

北 大

清　华

北大

真实的冰心

北大燕南园 66 号小楼，是一座美式风格的独栋小别墅，这一片全是这样的别墅，是当年燕京大学专门为名师打造的，砖瓦水泥就地取材，但做窗户框的红松和做门把手的黄铜是从美国运来安装的，房间里铺设着打蜡地板，屋角有壁炉，卫生间冷热水分路供

应，每座住宅还有独立的锅炉房以供冬季取暖，设施十分精良。

吴文藻

我们常说这是冰心故居，实际上，这是燕京大学分给冰心的丈夫吴文藻的房子。冰心是燕大毕业生，1926年从美国留学归国，回燕大做老师，不过燕大没给她分房。吴文藻是大社会学家，费孝通是他的学生，他在美国得到博士学位之后回国，本是去清华应聘，但清华只让他做副教授，而燕京大学校长司徒雷登跟吴文藻说，你来燕大吧，我让你当教授，而且你会是社会学系的创始人和系主任，我还给你分房。于是，吴文藻就来了燕京大学，住进了66号小楼。

1929年6月，吴文藻和冰心在未名湖南岸小山丘上的临湖轩举办婚礼，当时还专门铺设了一条上山的铁轨，新人坐火车进临湖轩，司徒雷登是主婚人。

他们结婚之后，冰心也住进66号小楼，因为冰心是作家，名声很大，所以大家便说66号楼是冰心的房子。

吴文藻和冰心在这里住了8年时间，从1929年到1937年，卢沟桥事变后，他们去了南方。

冰心非常喜欢这栋房子，她后来在好多文章里都提到燕南园这座小楼，但在她的文章里，说的是60号小楼，因为这里的门牌号曾经变更过一次，吴文藻家变成了66号，而60号是后来王力教授的家。

吴文藻夫妇走后，这个房子被日本人占据了，作为宪兵部，在这里拷问教授和学生是不是抗日分子。战后吴文藻夫妇回这栋房子看过，他们在二楼存放的笔记本和其他东西没了，这些东西不是被日本人拿走的，而是这里失控后附近农民把东西抢走了，后来流传成日本人抢走了宝贝。

吴文藻是一个大社会学家，但知名度不高，他来了燕大之后，发现社会学系当时的三套教材，一本是《西洋思想发展史》，一本是《家族社会学》，还有一本是《人类学》，全是英文教材，但是燕大培养的是中国学生，所以吴文藻就把这三套英文教材翻译成中文，同时补充了很多中国国情。1933年，吴文藻当了

社会学系系主任，开始致力于一件事——把欧美的社会学变成中国化的社会学。他提议，如果你是民族社会学家，就研究边疆；如果你是农业社会学家，就研究农业社区；如果你是都市社会学家，就研究沿海城市。研究分为动态和静态，静态研究社会结构，动态研究社会历程，也可以把动态和静态结合起来，既看社会结构，又看社会历程，给中国政府提出改造中国结构的方式。

1937年离开燕大之后，吴文藻再没有回任，后来他和冰心去日本工作了一段时间，新中国成立后才回来。当时社会学在社会主义国家不受重视，因为苏联认为，历史唯物主义是唯一可以解决社会问题的工具，用不着西方的社会学，只学马恩的历史唯物主义就行了。1938年的时候，苏联的社会学系被取消了，但1956年苏联又渐渐恢复了社会学，可中国1956年又和苏联快闹崩了。所以在中国，社会学从新中国成立初期就没了，吴文藻没事儿干，怎么办呢，他就去了中央民族大学，教民族学。他教民族学，还是倡导一件事情，就是把西方的民族学中国化。

中国的社会学，什么时候才恢复的呢，1980年有人提议，1982年南开大学得以恢复。北大是1982年开始招收社会学研究生，1983年才招本科生，这第一批本科生中，后来有一个人特别著名，就是现在当当网的创始人李国庆。李国庆当年上学的时候，跟我同住32楼，他们班只有十几个人。

吴文藻后来就一直在中央民族大学教民族学，所以冰心居住时间最长的故居其实是中央民族大学的房子。那房子在电视节目中看着挺好，其实很简陋，墙皮也剥落了。

吴文藻教授是个书呆子，他搬进燕南园66号之后，只干了一件事儿，就是在一楼书房的北墙，弄了一个通天大书架，别的什么都不干，家务全是冰心的事儿。他们夫妻俩订了很多期刊，按时更新，他们家是开放的，所有老师和学生要想看期刊，都可以前来，所以这里号称是燕大的开放期刊阅览室。

66号楼前有一棵丁香树，至今仍在，有一年丁香花开，吴文藻从书房出来，冰心问他，这是什么树，吴文藻说不知道，冰心就告诉他："这叫香丁。"吴文藻信以为真，口中念叨着"香丁"，别人听了，笑得一塌糊涂。后来冰心写了一首宝塔诗：

马

香丁

羽毛纱

书呆子进家

说起真是笑话

教育原来在清华

这宝塔诗，是开玩笑，笑话吴文藻是清华培养的傻子。这"马"是什么意思呢？他们家的孩子要吃萨其马，但小孩字说不出三音节的字，就管它叫"马"，吴文藻真以为小孩想吃的东西叫"马"，进食品店问，我的小孩要吃马，有没有卖的。"香丁"就是刚才说的丁香树。"羽毛纱"怎么回事呢？冰心让吴文藻给

自己的爸爸买双丝葛夹袍面料，可吴文藻进了商店就忘了，说要买羽毛纱，羽毛纱是女人穿的，恰巧店员认识冰心，就给冰心打电话，才知道要的是双丝葛。

双丝葛事件之后，冰心的爸爸跟冰心说，这姑爷可不是我选的，是你在去美国的轮船上自己认识的，意思是再傻你也不能怨我。

冰心和吴文藻是合葬的，吴文藻死于1985年，冰心是1999年，活了99岁。冰心的两个女儿是北京外国语大学教授，非常厉害。她还有一个大儿子叫吴平，吴平离过一次婚，跟后任太太也分居了，关系特别不好，他的儿子吴山特别气愤，所以去爷爷奶奶墓上，用红漆写了两行字，"教子无方，枉为人表"。这是前段时间的事，闹得挺大的。

冰心是养猫的。养什么动物，大概能反映动物主人的性格。一般来说，养猫的女人比较冷，养狗的温暖一些，比较亲和。大学者当中，养狗的少，基本都是养猫。季羡林、林徽因、钱钟书都养猫。猫比较独立，不用人管。

我们一般说到冰心，都会认为她是一个非常非常慈祥的女人，她写儿童文学，想来都应该是这样的人。其实跟冰心接触的朋友都知道，她是一个冷若冰霜的人。梁实秋跟冰心的关系非常好，他曾说过，"从《繁星》到《春水》，我读出的冰心是一个温度低于零度的人"。

季羡林比冰心小11岁，季羡林还是清华学生的时候，冰心已在清华兼课。国民政府有一个规定，夫妻两个人不能同在一个学校当老师，所以吴文藻 1929 年进燕大后，冰心就辞职了，去清华兼课。当年北大、清华、燕大的课堂都是开放的，可以旁听，但冰心不允许。季羡林、李长之、林庚、吴组缃号称"清华四剑客"，是学生里特别厉害的四个人，后来都成了大家。他们旁听过朱自清的课，俞平伯的课，郑振铎的课，还跟郑振铎成了朋友。所以，冰心开课以后，四个人特别想去旁听冰心的课。

结果，冰心走进教室，没有一丝笑容，一看来了这么多人，就说所有没做选课登记的人都得退出去，以后再也不许来这个课堂。

季羡林们听了，吓得慌忙退出，再没敢去旁听。

冰心 1933 年写过一篇小说，《我们太太的客厅》，许多人说，这篇小说讽刺的是林徽因。

林徽因住在北京总布胡同一个四合院，每周六，各界名人比如说周培源、胡适、沈从文、徐志摩都会去她的客厅聚会。有人说，冰心嫉妒长得没林徽因漂亮，客人也没她多，所以就写了《我们太太的客厅》，把林徽因写成一个刁钻古怪，喜欢拉拢男人，跟多数女人关系都不好的一个女人。于是，大家纷纷对号入座，猜测小说里的那些角色都是谁，说那个科学家是物理学家周培源，留着中分面容特别消瘦的是徐志摩，小说里还有一个 5 岁小女孩儿，叫"彬彬"，林徽因的女儿当年正好 5 岁，名叫"梁再冰"，"冰"和"彬"的发音是很近的。

小说还特意写到彬彬找妈妈，说老姨太已经订好了晚上去看杨小楼演戏的包房，为什么要突出老姨太呢，因为林徽因不是大

太太生的，是妾生的。这原来是个秘密，只有极少的人知道，冰心却把它写了出来。

不过，冰心92岁时接受采访，说"我写的不是林徽因，是陆小曼"。陆小曼是徐志摩的再婚妻子。冰心说，你们想想看，小说里的客厅，挂满了女主人的照片，林徽因的家哪里是挂满她的照片，陆小曼才这样。

但我专门为这事查了一下，陆小曼在上海的故居没挂任何一张照片，所以冰心说的也不见得对。还有一点对不上号，陆小曼一辈子没生孩子，而小说里有个5岁的彬彬。再有，如果小说写的是陆小曼，那徐志摩应该是她的丈夫，就不应该是追她的一个诗人。

这类小说，叫"沙龙小说"，钱钟书的《人·兽·鬼》里面有一篇小说叫《猫》，也是写了一个沙龙，也有人猜测，女主人公也是林徽因，女主人公和丈夫一起争夺的那个小书童，是萧乾。总之，一写这种沙龙小说，很容易让人对号入座。因为北京就这么大，文化圈里的所有大名人就那么几位，很容易让人产生联想。

据说林徽因看了冰心那篇小说之后，特别生气，当时她刚从山西大同考察回来，带了一坛子山西老陈醋，她便托人把醋送给了冰心，这坛醋就送到了燕南园66号。不过，这个故事来自李健吾的一个回忆录，只有他一个人说了这个事儿。他人已经死了，算是孤证，不知道真假。

冰心和吴文藻感情一直非常好，他们是在赴美留学的船上相识的，之后就上演了执子之手与子偕老的爱情传奇。冰心在感情上是一个非常执着保守又专一的人，所以她对男女玩感情游戏非常看不惯。

冰心为什么不喜欢徐志摩，就因为他为陆小曼离了婚，和陆小曼结婚后又惦记着林徽因。陆小曼花费无度，徐志摩在上海工作，又要在北京兼职当教授挣钱。他在北京任教挣380块大洋，比过去李大钊的工资高三倍多，就这样，还是不够陆小曼花的，他就只能南北两边跑，忙着挣钱。有一次晚上林徽因在北京有个讲座，徐志摩为了省钱，搭邮政飞机赶过去，结果飞机失事死了。

当时，冰心写了一封特别尖刻的信给梁实秋，说"这个利用聪明的人，在这个不光明不人道的行为下，还得到了一帮人欢迎的人，终于得到了一个归宿"，所谓归宿就是死了，她说上天造就一个天才不容易，但天才自毁，让她非常心痛。

她非常不喜欢徐志摩的生活方式，因为她自己非常安定。

"文革"时，梁实秋在台湾听凌叔华说，冰心和吴文藻自杀了，特别伤心。"文革"过后，他发现冰心没死，就派女儿来大陆，说你一定要见几个人，其中第一个要见的就是冰心。梁实秋的女儿来到冰心病房，跟冰心说："我爸爸说他一点没变。"冰心说，你回去告诉爸爸，我也没变。梁实秋的女儿想，"我没变"，"我也没变"，是他们那一代人什么样的一个暗号，可能怀疑他们俩有点儿什么。其实，两位老人说的只是彼此的状况没变，不是说当时我喜欢你没变。

凡是感情专一的，冰心就喜欢，所以她和巴金的关系很好。

至于林徽因，她自己有家，又有金岳霖和徐志摩围着转。"冰心"这个笔名，是"纯洁的心"的意思，"一片冰心在玉壶"，但林徽因因为《我们太太的客厅》受伤了，所以她给别人写英文信时，把冰心写成"Icy Heart"，冰冷的心。

冰心不算美女，20世纪40年代，一个叫苏青的女作家跟张爱玲说起冰心，说我原来挺喜欢她的作品，后来一看她的照片长这样，就不喜欢她了。不过我认为，冰心其实长得也还行，只是穿得比较土，没有林徽因时髦雅致。

马寅初的《新人口论》真相

一提北大燕南园 63 号，许多人会说这是马寅初校长的家，其实马校长在这儿只住过 8 年，从 1952 年至 1960 年。

燕南园 63 号最初的主人，是燕京大学的音乐教授范天祥，他是美国传教士。他来燕大之后，与太太共建起燕大音乐学系，

1925 年孙文病逝，在葬礼上演奏风琴的，就是范天祥。1926 年，燕大从崇文门外搬到现在的燕园，范天祥夫妇在燕南园选中这片地方，自费建起了 63 号这个中式风格的家宅，直到 1951 年被迫离开中国，前后一共 25 年，这座建筑一直属于范家。

1952 年校院大合并，燕大取缔，北大搬进燕园，马寅初这才住进燕南园 63 号，在这里居住、办公、做研究。1960 年马寅初辞职，陆平书记兼校长搬进这里，"文化大革命"中陆平被打倒，造反派领袖聂元梓把这里变成办公处，所以康生、江青、陈伯达常来这里谋事。

北大学生一提马寅初，一般就是两个概念，第一他是北大老校长，很霸气，第二他是经济学家，写过《新人口论》。

其实，马寅初做校长，按他自己的话说，叫"点头校长"，就是党委做好了安排之后，他只能点点头，表示同意，没有多少实权。从 1951 年执掌北大，到 1960 年辞职，马寅初基本没什么话语权。他是校长，又是经济学家，但经济学系换系主任，他事先不知道，最后只能批准。1956 年，雷洁琼曾给高教部做过一个调查，其中之一是问询马寅初，看看这个民主人士做校长感觉是什么，马寅初说，我纯粹是个摆设，什么地位也没有。

在这种情况下，马校长还是努力着，做了一些事情，而且是党和政府非常欢迎的事情。

1951 年，周总理作了一个报告，《目前形势和任务》，说知识分子深受封建主义的毒害，深受帝国主义奴化思想的侵蚀，新的国家建立以后，你们要改造思想。但如何改造思想，他没有提出具体方法，所以没有讲清楚。这时候，马寅初刚刚执掌北大，他提议搞"教授学习会"，让所有教授都谈谈自己以前的思想，以前是怎么堕落的，现在是怎样获得的新生，凡是通过的人，可以继续当教授，如果不通过，就帮助他，帮助不了的就解职。毛主席和周总理觉得，这方法可以推广，所以先在京津所有高校推行，由此兴起了思想改造运动，最后在全国范围内展开。这个运动，从1951年秋天开始，至1952年秋天结束。

在思想改造运动中，北大教师要一一过关，情形分四个级别。第一级，是问题不严重的教师，比较容易过关。第二级，有问题的教师，学校组织活动，让他们检讨，小范围批评，帮他们改造思想。第三级，问题比较严重的教师，中等规模批判。第四级，问题最严重的教师，反复检讨，大规模批判，清理其思想，过不了关的，做组织清理，最终赶出北大。在这次运动中，北大有7位教授自杀，哲学系主任张东荪教授被视为叛国者逮捕入狱，沈从文教授过不了关，调到故宫当讲解员。

马校长在学校没实权，但具有社会影响力，所以频频参与国家政治活动。他非常配合党和政府的主张，党和政府说要进行资本主义工商业改造，他立即从经济学角度分析，赞扬这个政策正确；党说要搞农业合作社，他马上从经济学角度分析，赞誉这个方针英明。毛主席提出"双百"方针，他高声颂扬，毛主席提出"大跃进"，他也随声附和，毛主席提出"农业八字宪法"，用八个字概括农业增产的几种方法，比如"土"就是土地深耕，比如"肥"就是合理施肥，马寅初作为农学家，夸赞毛主席的这些主

张极棒。实际上，他的《新人口论》也是他鼓吹中央政策的一个组成部分，换句话说，节制人口并不是马寅初提出的，是党的方针政策提出要节制人口，马寅初为了配合这个政策，写出了《新人口论》。

1949 年，毛主席连续发表几个批判美国的白皮书，其中专门提到了马尔萨斯主义在美国盛行是错的。马尔萨斯在 1798 年写出了《人口论》，主要的观点是，人口增长是几何基数的增长，生活资料增长是算术级别的增长，所以生活资料的增长追赶不上人口的增长，于是就会发生战争、瘟疫、不幸福。但马克思认为，马尔萨斯把人口问题当成经济好坏的唯一标准，这是错的。我们继承的是马克思的衣钵，所以也认为马尔萨斯主义不对。毛主席正是用了马克思的理论，分析美国的马尔萨斯主义，认为他们不对。于是人口这个问题，从 1949 年到 1953 年之间，没人再谈起。其实，建国前早就有人大谈人口问题和计划生育，比如 30 年代的张竞生教授。但 1949 年以后，大家都偃旗息鼓了，谁也不说话，因为说话就有可能犯错误。

1949 年，中国人口是四亿七千五百万，1953 年我们做了第一次人口普查，发现人口已接近六亿，增长太快，中共中央觉得这样发展下去不行，于是按照批转卫生部文件的方法，通报要控制人口，计划生育。

在这个背景下，马寅初回到浙江老家，发现了一个特别朴素的事实。他原来回老家，给小孩子们分过糖，大家得到糖都很快乐，现在再回老家，拿着同等数量的糖分给孩子们，居然不够分

马寅初

了，而且差得很远。所以他意识到，人口增长得太厉害，于是开始研究人口问题。也就是说，马寅初是在中央批转了卫生部节制人口报告的情况下，他正好又有一次切身的感受，这才开始研究人口问题的。

马寅初 1955 年给第一届人大第四次会议交了一份提案，许多人总是说这件提案没受重视，其实是因为当时已经开始大张旗鼓地宣传计划生育，马寅初这个提案只是附和形势，并不惊人，所以不可能被格外重视。不过马寅初确实在提案中有一些个人见地，他提到一个数字，说中国可以承受的适当的人口是 6 亿，1953 年中国人口已经接近 6 亿，所以应该警惕。

1957 年早春，毛主席在最高国务会议上讲了一段话，这段讲话我们不常引用。我们常说的是，马寅初在这次会议上向毛主席进言，说一定要限制人口。实际的情况是这样的：毛主席先在会议中讲了一长段话，说我们所有的经济都是有计划的，生产桌椅，生产板凳，生产火车，全有计划，只有一个东西没有计划，就是生产人类，完全无组织无纪律，大家听了哄堂大笑；然后他又开玩笑说，我们是不是应该拿出一笔财政拨款，搞一个组织，节制一下人口，宣传一下计划生育，这个组织叫"委员会"还是叫"社会团体"，都可以，大家又笑了起来；毛主席讲完这段话过了两天，马寅初做小组发言，用 10 分钟呼应毛主席的主张；到了 7 月份，马寅初把 10 分钟发言整理成文字，发表在《人民日报》上，这就是我们知道的《新人口论》。

也就是说，并非是在大家都没有意识到节制人口重要性的情况下，马寅初主动提出的《新人口论》。他是在附和中共中央和毛主席的新政策，就像附和其他政策一样，但他确有一些具体建议是独立见解，比如他建议，生两个孩子，奖励；生 3 个孩子，征税；生 4 个孩子以上的，罚重税，然后拿征税和重税罚出的钱，奖励生两个孩子的人。

让马寅初没想到的是，1957 年夏天他发表《新人口论》，1957 年年底毛主席第二次去苏联，就是发表了"世界是你们的，也是我们的，但是归根结底是你们的"那次，那时候赫鲁晓夫提出要 15 年超过美国，毛主席不甘示弱，觉得中国 15 年超过不了美国，但要超过英国，他决定组织"大跃进"，所以等到 1958 年

1月他从苏联回国后，再开最高国务会议，他改变了想法，1957年他说要节制人口，但1958年他要发动"大跃进"，人口不够，所以他提出人多就是力量。马寅初没有转过这个弯子，继续坚持节制人口，于是惹了麻烦。

关于马寅初惹了什么麻烦，世间多有讹传，比如说《光明日报》曾经组织很多批判马寅初的文章，好像是党的意识形态系统在批判他。其实，这只是北大的一些师生在批判马寅初，是北大内部的事儿，只是那些批判马寅初的大字报被《光明日报》拿了去，原封不动地发表了。正因为这些批判不是党的行为，马寅初才有回应这些大字报的可能，所以《光明日报》刊发了他的半版回应。

北大为什么会批判马寅初？因为1958年组织"大跃进"，要首先做思想动员，所以毛主席在全国范围内号召开展"双反运动"，在财政上反对浪费，开源节流，在思想上反对保守派，他们不想"大跃进"。"双反运动"是全国运动，北大也不例外，老师和学生都可以贴大字报批评别人，被批评的人也可以写大字报回应。我们看一些历史记述说，马寅初因为坚持《新人口论》，批他的大字报从燕南园63号院的院门口，一直贴到了他的床头，说是康生和陈伯达组织的这场疯狂的批判。我们查查档案资料就可以知道，没有记录可以证明，康生和陈伯达曾经介入对马寅初的批判。实际上在"双反运动"中，北大在短短一段时间里，贴出了30万张大字报，不是所有大字报都贴在了马校长家里，而是各个院系都在互贴大字报，比如说很多大字报抨击生物系和新闻专业，说他们脱离实际，一些大字报批评法律系在教资产阶级旧法，而批判马寅初的《新人口论》，只是大批判中的一部分。

1958 年年底，《光明日报》转载了一些北大批判马寅初的大字报，马寅初也作出了回应，坚持《新人口论》，表示要单枪匹马斗争到底。"大跃进"一开始，"双反运动"结束，关于马寅初的争论也就过去了。但马寅初一直很气愤，因为 1957 年"反右"以后《光明日报》换了一批领导，这些新换上来的民主人士比马寅初的地位低很多，但他们没给长者留面子，所以马寅初 1959 年接受《新建设》杂志采访时，又提到《光明日报》，说愿意继续正面回应北大那些批判文章。

马寅初这些话一放出来，北大又开始批判他，1959 年年底，北大组织 8000 人大会，批判校长。马寅初提意见，说这么大规模的会，秩序很乱，我没法辩解，改成小规模的会，我可以正面回应你们的所有批评。北大后来问他，组织 200 人的大会行不行，马寅初表示同意。但他没想到，大家准备得非常充分，从各个角度批判他。然而，对马寅初最有杀伤力的批判，并不是这些学者和学子的言论，而是校办秘书韩萍卿的突袭和揭发。韩萍卿发现，马寅初当时仍然拿着商务印书馆 68000 股股票和上海闸北自来水公司的 20000 股股票，这是资产阶级。他说，你是北大校长，同时在政府做着高官，毛主席、刘主席、周总理是工资级别中的行政二级，马寅初是行政三级，所谓行政三级就是人大常委会副委员长、政协副主席、副总理的工资级别，你怎么还偷偷拿着股份，再有，你还偷偷出租房产，每月收入 160 块钱。

韩萍卿的批判，对马寅初极具杀伤力，马寅初当即血压上升，回家一量，血压190，所以第二天就住院了。又过了3个月，国务院宣布免掉马寅初的北大校长职务。从此，马寅初搬出了燕南园63号，等于是被北大彻底赶走了。

关于马寅初，还有一个讹传，说他自50年代末因为《新人口论》被打倒，一直到1979年平反之前，始终蒙冤受禁。其实并非如此，他一直是国家的重要官员，1962年他还曾外出视察，其间腿病犯了，从此瘫痪坐上轮椅，70年代初，他得了直肠癌，周总理批示为他做了手术，1976年周总理去世，他曾出席追悼大会。

"文革"中，马寅初也算是幸运的，基本没受冲击和迫害。他同时有两位太太，"造反派"想要他和其中一位离婚，但周总理说，马老是当年的老人，这是既成事实，就让他这样过下去吧。于是相安无事，两位太太陪马寅初过了一辈子，三人安度晚年。

马寅初的两位太太，年纪悬殊。早在1901年，马寅初在天津读大学的时候回家探亲，父母为他包办了婚姻，让他娶了一个叫张团妹的女人，年纪和他差不多。1917年，马寅初已经是北大教务长，他又回乡娶了比他小22岁的女孩儿王仲贞。那时候，马寅初35岁，王仲贞才13岁，而马寅初和张团妹生的大女儿已经13岁了，等于是他娶了一个跟他大女儿同岁的女孩儿。

胡适非常羡慕马寅初，他在1922年一篇日记里写到，马寅初每天洗一个冷水澡，身材非常棒，他非常喜欢女色，上半夜在大太太那儿，下半夜搬到二太太那儿。

马寅初的两位太太，相互之间关系很好，以姐妹相称，两人各生了四个孩子。也就是说马寅初有 8 个子女，只是大太太生的长子，因为意外事故死了，活下来了七个孩子。马寅初活了 100 岁，他的两位太太，也都活过了 100 岁。

汤用彤：逐渐暗淡的人生

　　北大燕南园 58 号，哲学系汤用彤教授的家，1952 年校院大拆并，燕京大学不复存在，北大从城里搬进燕大旧校园，汤用彤从那年开始就住进了这里，直到1964年去世，在这儿住了12年。

　　汤一介是汤用彤先生的次子，乐黛云老师和他结婚后不久，

也住进了这儿。我们这一代人，都知道汤一介教授和乐黛云教授，毫无疑问，汤一介是我们这个时代哲学界教科书般的人物，但是我们眼中的学术泰斗，比起他的父亲汤用彤教授，却有着不小的差距，有一种说法是："大汤小汤，非一味之汤，中间隔着100个季羡林。"汤用彤先生究竟有着什么样的学术成就，才能获得如此高的学术评价？

汤老先生是老清华人，1912年考入清华，1916年考取庚款留美资格，但他有沙眼，所以没去成，留校当老师，编《清华周刊》，1918年才跟吴宓一起去留美。

他刚去美国，是在明尼苏达州一个大学读书，吴宓在哈佛，吴宓跟他说，哈佛特别好，你转过来吧，所以第二年，汤先生也去了哈佛，吴宓还介绍他认识了白璧德教授。白璧德是哈佛比较文学系系主任，白璧德希望汤用彤取中西双方的精华，而不是有所偏废，这形成了汤用彤后来漫长的思想状态。

陈寅恪、汤用彤、吴宓，并称"哈佛三杰"，三个人学习都特别好。在闲暇的时候，汤用彤跟吴宓创作了一个武侠小说，他跟陈寅恪在一起学习印度梵文和释迦牟尼使用的巴利文。我们常说"学贯中西"，很少考虑把印度放进来，其实印度既不是中，也不是西，独立一体，而汤先生是横跨三界，学贯中西印。

汤先生在哈佛没读博士，读完硕士就回国了，回国后，主要是教中国佛学、印度哲学、魏晋玄学，他的学问主要集中在这三个领域。

从20年代初开始，汤用彤就教中国佛学，1931年，北大文学院院长胡适请他来北大哲学系教书，也教中国佛学，1934 年，汤先生成了北大哲学系系主任，也大致写好了一套关于中国佛学的书稿，这就是后来特别有名的《汉魏两晋南北朝佛学史》。1937 年卢沟桥事变后，北大向南方转移，汤用彤怕这些手稿不赶快印出来会在流亡中遗失，所以到了长沙临时大学，就把这部书稿出版了。这套书解决了很多问题，比如佛教原来在印度是什么样子，怎么从印度经过哪些线路到了中国，哪些佛学著作的翻译家是谁，哪个年代翻译了什么，中国的佛学思想受到什么样的影响，中国佛学家有哪些人，形成了哪些流派，它们之间是什么关系，非常全面。胡适 1919 年曾经出版《中国哲学史》上卷，为什么他一直没出下卷，就因为他对魏晋时代的佛学整不清楚。佛学是中古哲学思想中重要的一环，他整不清楚，所以就没能写出《中国哲学史》下卷。但这些问题，汤先生整清楚了，而且成果灿然，现在研究中国佛教史，还是在他这部书的基础上。

在西南联大，汤用彤仍是系主任，后来做过文学院院长。

1945 年，他又出版了《印度哲学史略》。

他一辈子最大的成就，是在 1949 年之前完成的。

1948 年年底，胡适告诉汤用彤，我要去南京，北大委托你和郑天挺来照顾。所以，汤用彤没去台湾。一方面，他认为国民党很腐败，希望在共产党这儿；另一方面，他周围充满地下党，动员他别走；再有一个原因就是胡适委托他照管北大。

建政初年，汤用彤对新政权充满希望，特别赞赏毛主席。毛主席在开国大典时说，中央人民政府成立，汤用彤非常激动，觉得中国在这位领袖领导下终于有了力量。那时候是供给制，许多共产党干部远没有他的标准高，他的工资相当于 1500 斤小米的价钱，大部分干部远远低于这个标准，所以他觉得共产党是重视知识分子的。

可以想象，汤用彤先生面对新政权，肯定有自己的职业规划和未来愿景，比如如何治理北大，如何发挥所长，如何在学术上更上一层楼，但事与愿违，他更多要面对的是如何批判过去的所学，如何和老朋友撇清关系，如何在新时代拗出新的学术造型。很难想象，他这样一位大哲学家，在 1952 年校院大拆解后，接手的第一项工作，竟是拄着拐棍跑工地。

胡适离开北大后，教授们推举汤用彤当了校务委员会主席，1949 年 5 月，解放军来了，尽管还让他继续当主席，但因为汤用彤既不是共产党，也不是靠近共产党的民主人士，所以变得有职无权，真有权力的是那些党员教师。1951 年，马寅初调来当校长，汤用彤的校务委员会主席职务终结。因为他是老哲学家，搞的是唯心主义哲学，所以不受重视，被安排去燕京大学搞基建。他是哲学家，不懂基建，所以给他安排了一个助手叫张龙翔，我在北大念书时，张龙翔是北大校长，可张龙翔是化学家，也不懂基建。所以当年人们常看到一个老头儿拄着拐杖，缓步走在工地上，旁边跟着一个年轻人，一起看他们不大懂的基建。

汤用彤先生脾气特别好，别人问他搞这个你愿意吗？他说任何一件事都得有人搞，让我干这个，也挺不错。

1952 年，北大从沙滩搬进燕大旧址，很多基建已经完成。

1954年，《人民日报》开座谈会，组织批判胡适，因为很多知识分子还是迷恋胡适，而胡适带有美国色彩，铲除了胡适思想，也就最终铲除了中国人和美国的思想关系。汤用彤来北大，是1931年胡适介绍的，又让他当了哲学系主任，所以他俩的关系太近了。主持座谈会的领导请汤用彤发言，要他批判胡适。当时，许多人把胡适骂得一塌糊涂，而且跟胡适关系越密切的骂得越厉害，好撇清关系。可汤先生不是这种人。他很看重朋友的友谊，所以不愿意发言，同时他也担心不发言会有什么后果。当天晚餐，哲学系老师郑昕，后来做了哲学系主任，他告诉汤家，说老先生吃晚宴的时候，不知为什么把酒杯子碰倒了。吃完晚饭回到家，家人发现他神情木讷，嘴也歪了，第二天早晨他出现了大面积脑溢血，赶快送到医院。汤用彤在医院昏迷了两个月，醒来以后，就坐轮椅了。

汤先生突发脑溢血，在北大引起轰动，郑昕很自责，他曾希望汤先生起带头作用。汤先生昏睡期间，北大议论声四起，多有埋怨之声，哲学家金岳霖教授说了一句颇为伤感的话："不是老之将至，而是老之已至。"

汤先生这样的身体状态，还能做什么呢，除了完成一些比较轻的教学任务，写一些短文章，整理整理手稿，学校的事务他是再也不管了。此外，在别人帮助下，他可以把以前出过的旧书再版一遍。

那时候，所有老先生经过思想改革运动之后，再版旧书都会做大量的删改，改得非常厉害，甚至直接说原来的文字都是狗屁，现在要用马列主义观点重新写。唯有汤先生，他的所有书，都是不经任何改动再行出版，顶多是在前言和后记中，说一些稍微革命一点儿的话，但他的前言和后记并不是他自己写。像《汉魏两晋南北朝佛学史》，后记是另一个哲学家写的，里面专门提到说，我要用马列主义观点审视这些文字，汤先生有一个学生叫向达，也住在燕南园，在50号，向达看到这话，说一个哲学家说出这样的话，是降低身份，这话被抓住了把柄，后来在反右中，他被揭发。还有《隋唐佛教史稿》，前言是汤一介写的，汤用彤看了看，表示同意。也就是说，汤用彤对他的学问非常自信，即使到了新中国，他也不加任何改动再出版。

总之，1954年他的身体状况就不行了，再加上当年那种社会环境，汤用彤已经不可能像之前那样有所作为。

1963年国庆，毛主席点了一些知识分子的名，让他们上天安门，其中包括汤先生。汤用彤曾经跟毛主席见过一面，早在1950年年初，毛泽东召集高校著名老师座谈，汤先生在座，而且曾恳求毛主席题写北京大学校徽，毛主席在1950年3月通过中共中央办公厅把4个字寄给了汤用彤，这就是现在北大校徽上那4个字，也是校门牌匾上的4个字。所以这一次，毛主席见了汤先生马上认了出来，而且说，你病了以后写的那些短文章，我全看了，既然生病了，以后就别再写长文章了，然后转身走了。

1964年五一节，汤先生又犯病了，住进医院。乐黛云早晨去伺候公公，6点多出来的时候，公公还在床上冲她招了招手，但乐黛云回到家里，婆婆来电话，号啕大哭，说老先生已经走了。

汤用彤临终最后一句话，是"五一节万岁"，说完就去世了。

老先生 71 岁去世，没活到"文革"，某种程度上比其他大师幸运。汤用彤去世后，58 号并没收走，还是汤家。"文革"爆发后，"造反派"有时会来他家看看，但因为老先生不在了，所以这里不是斗争重点，没遭到什么破坏。有一次，"造反派"把老先生经常读的一套佛学书每一函里抽出一本，说要回去检查，拿走后再没送回来。这是汤用彤藏书受到的唯一一点损失，其他书都留了下来。

汤一介与父亲汤用彤和家人

后来58号收回了，乐黛云和汤一介搬到中关园，住在30平方米的房子里，后来搬进50平方米的房子，汤老先生的4万册藏书，怎么放得下。他俩住50平方米的房子时，我正上大二，曾去那里拜访过，几面墙，全是书，许多是我从没见过的线装书，有些是孤本善本，价值连城。后来，汤家搬到朗润园13号楼，有了80平方米的房子，老先生的4万册藏书全在那里。

总的来说，老先生的学术成就在前半生，后半生没什么业绩，一是因为政治环境，一是因为岁数大了，身体不好，而他的儿子汤一介，刚好相反，年轻时没什么成就，老了以后，才开始出业绩。

1957年的时候，汤一介批冯友兰，是急先锋。70年代，他参加了"梁效"写作班子，是副组长。1980年以后，他一是大量整理父亲的手稿，一一出版，二是他从2004年开始，启动编辑《儒藏》。《儒藏》有精华篇，还有大全本。精华篇要汇编500种儒学书，另外加上越南、韩国、日本的150种中文儒学书，等于是把650种儒家著作编成282册书。他现在去世了，但已经编好100册，他的班子还在，2017年的时候会把282册全编好。大全本是5000种儒学书的汇编。如果《儒藏》编好了，会超过《四库全书》。这工程是汤一介教授启动的，所以习总书记来北大，还专门会见了他。

汤用彤一直用自己的方式，表示对新政权的理解和支持。1953年10月，由于面粉生产紧张，北京不得不对面粉供应作出新规定，工人每月供应18斤，教授每月供应12斤，党内高层担心教授们不接受这种差别待遇，专门在北大召开干部会议，进行安抚，但在会上，以汤老为首的教授们不仅没表示反对，还纷纷表示理解和支持。不仅如此，汤先生回到家，每天早餐吃一顿粗粮，并向太太讲授增产节约的道理。由此，他被评上了先进典型，但从那以后，他的境遇每况愈下。

汤用彤脾气好是一贯的，当年教授和学问家有很多派，比如说，钱穆和傅斯年关系极差，但汤先生是这俩人的朋友，他自己属于学衡派，所谓学衡派就是旧知识分子，认为国粹是有用的，他们跟胡适的新文化运动是对立的，汤用彤在《学衡》杂志经常发表文章，但他跟胡适的关系特别好，熊十力和吕澂的佛学观点差得很远，汤用彤却跟这两人的关系都挺好。当学术沙龙中有好多意见时，特别是在争论的情况下，汤用彤总是保持沉默。所以吴宓的夫人叫他"汤菩萨"，有颗菩萨心，是和事老，对谁都没有歹意，跟谁关系都特别好。

他的儿媳乐黛云，当年是一个极其激进的"左"倾学生。1952年夏天，乐黛云毕业，因为那批学生是建政后第一批毕业生，所以毕业典礼搞得极隆重。乐黛云作为毕业生，向汤先生献花。入秋，乐黛云就嫁给了汤一介，成了汤先生家的儿媳妇。乐黛云和汤一介结婚，不是在燕南园58号，是在城里的汤家大四合院，在小石作胡同，四合院的天井能容纳十几个人，乐黛云和汤一介在那儿办的婚礼。因为乐黛云要全新的生活，所以完全没照旧式婚礼办。没有司仪，不拜双方父母，也没有公公婆婆讲话，就是给大家准备些茶水，非常简朴的一个婚礼，各位领导和同事来了，大家在一起嗑瓜子，喝茶，聊聊天，像个茶话会。

中间有人提议，说乐黛云你能不能讲讲话，连双方父母都没讲话，她一个新娘却也不在乎，反正是新式革命婚礼，于是乐黛云就讲开了，她说我发现这个家庭不是无产阶级的，是资产阶级家庭，我进入这个家庭很高兴，因为公公婆婆脾气很好，但是阶级属性上他们属于资产阶级，我来了以后，要跟他们划清界限。

汤用彤真是好脾气，他和太太坐在北屋门外，儿媳说结婚后要跟他划清界限，他还鼓掌，挺高兴的。

第二天，汤先生在东单一个饭店设了两桌宴，要请亲朋好友，告诉大家我的儿子结婚了。结果乐黛云跟汤一介商量了一下，说请的这些客人全是资产阶级，我们俩作为革命青年，不能参加。为了他俩结婚请的两桌宴，这对新人却没出现，汤老先生仍没生气。

婚后过了一段时间，汤一介和乐黛云没地方住，所以也搬进这个资产阶级家庭，跟汤老先生住在了一起。

乐黛云别看那么左，到了反右的时候，她居然被评成了极右派——不仅是右派，而且是极右派。那时候，陆平来北大做校长，说北大评的右派不够，还有好多漏网，所以要补评一批右派。乐黛云所在的中国文学教研室，建政以后毕业留校的教师一共10个人，10个人里有8个人被划成了右派，乐黛云作为这些老师的党支部书记，是领头人，怎能不是右派。所以她不仅是右派，而且是极右派。汤老先生听了这事儿，觉得太奇怪，这媳妇要跟我划清界限，她怎么会是右派。

处理右派一共有六种方法，极右派用第二种方法，开除公职，开除党籍，立即下乡接受监督劳动，每月工资降为12块钱。

乐黛云当时刚生完老二，是个儿子，叫汤双，正在哺乳，不能马上下乡。汤老先生很讲个人尊严，从来不求人，但这一次，他不能不求人了。汤一介和乐黛云的第一个孩子是女儿，老二是儿子，等于是汤老先生的长孙。老先生去求了江隆基副校长，说乐黛云能不能哺乳期过了再下乡，江隆基有人情味儿，后来"文革"中被调到兰州大学，最后上吊自杀了，他同意了汤老先生的央求。于是，乐老师在哺乳第8个月结束的那一天，通知立即下达，马上下乡。乐黛云后来回忆说，她下乡走的那一天，汤一介远在农村，她从房子里走出来，回头看了一眼，发现老先生正在窗里冲她招手。

乐黛云在农村干了将近3年，再回来已是1962年，算是摘帽右派。1963年国庆，汤用彤要上天安门，见毛主席。通知单上说，去天安门，可带夫人和子女。老先生想，该带哪个孩子去，是带汤一介和乐黛云，还是带二儿子和二儿媳。最终，他决定带乐黛云和汤一介去，如果带二儿子和二儿媳去，显然是因为大媳妇是摘帽右派，会让乐黛云伤心。所以老先生毅然带上乐黛云和汤一介上了天安门。结果从天安门一回来，汤家马上听到了一种声音，说老先生上天安门，居然带了一个极右派去见毛主席，万一她说了反动的话怎么办！谁写的这个报告呢？乐黛云老师说是汤家对面的邻居。58号对面的邻居是冯定或是周培源，我觉得都不会是，如果乐黛云老师写的是汤家隔壁的邻居，那一

定是冯友兰，但她说是对面邻居就不好猜了。但不管怎么说，乐黛云上了天安门，见过毛主席，日子可能会好过一些。

后来，北大要汤一介进"梁效"大批判组，汤一介不愿意，但又没办法，他便跟一个叫孙长江的人商量该怎么办，孙长江是《实践是检验真理的唯一标准》的作者之一，孙长江给他出主意，说你去吧，但只管基建和后勤，这是第一；第二，你把所有的事儿给记下来。所以汤一介进了"梁效"，只管后勤和行政，"四人帮"倒台以后，对他进行政审，还算比较好过关。

但这毕竟是政治审查，相当严苛，这时候正好汤一介的两个孩子考大学。1977年，两个孩子分数都不错，但都卡在政审办过不了关，因为爸爸还在接受审查。当时乐黛云老师急了，四处找人求情，结果北大答应给她的孩子写证明信，让她第二天来拿，但证明信是封好的，乐黛云拿来交给招生办，她以为里面说的是这孩子没问题，请录取他，其实那封证明信里写的是，汤一介审查还未通过，建议北大不要收。所以1977年两个孩子都没上成大学。

1978年，两个孩子参加了高考，成绩不错，但还是没进到招生办，仍然卡在了政审办。乐黛云老师去找孙长江，孙长江说，把重点放在老二汤双身上，只要他录取了，姐姐汤丹会做同类处理。他建议乐老师写一封信，由他把信转交主管教育的副总理方毅。最后，方毅批示，指定中国科技大学要汤双。汤双被录取了，汤丹也上了大学。

汤用彤的爸爸叫汤霖，光绪年代的进士，后来在甘肃做县令。汤霖特别喜欢两篇文章，一是《桃花扇》里的《哀江南》，一是庾信的《哀江南赋》。汤霖是湖北黄梅县人，所以带湖北口音，总是用湖北口音朗诵《哀江南》。汤用彤小时候不大说话，跟外界不交流，汤霖夫妇曾以为这孩子弱智。但汤用彤3岁那年，竟坐在家门的门槛上，学着爸爸的口音，背诵了《哀江南赋》全篇，汤霖夫妇这才知道这孩子不是傻子，是天才。西南联大时期，汤用彤把《哀江南》和《哀江南赋》教给了汤一介，所以汤一介也能用湖北口音朗诵这两篇文章。而汤一介的两个孩子，小时候也常听汤一介用湖北口音诵读这两篇文章，所以也能背下来。

《哀江南赋》是庾信写的，庾信生活在南北朝时期，是梁朝人，他去北魏出使，北魏觉得这个外交家有才华，把他扣下了，要他为北魏干事。庾信觉得很悲伤，他想起江南，所以写下《哀江南赋》。他说如果我被扣在北方，我的家风就断了。

汤霖喜欢《哀江南赋》，一是当年国运不济，能引起他的共鸣，一是他很重视家风传承。汤一介也是如此，但到了晚年，他曾悲伤地说，家风总是传不过第三代，到我这代，我的家风传不下去了，我的下一代全在美国。

周培源：这辈子不是我追求的

　　周培源教授的家，在北大燕南园 56 号，1952 年校院一合并，他从清华调过来，就一直住在这儿，直到 1981 年辞去北大校长才离开。

　　他是一个理工科老师。北大历史上的校长，一般都是文科教

授，比如蔡元培、蒋梦麟、胡适、汤用彤，周培源是我记忆中第一个当了北大校长的理科老师。

1978年，受邓小平委托，组织部任命周培源做北大校长，要他拨乱反正。这工作不好做。"文革"刚刚结束，人事关系相当复杂，百废待兴，特别难进行，所以在这几年中，周培源特别失望。1981年的时候，他就不想干了。

正好1981年他去考察了一下欧美高校，觉得不错，有些东西我们可以学。回来以后，他写了个报告，有五个方面，周培源觉得非常可取。教育部特别生气，说你总的来说，就是不要党的领导。教育部还发了一个文件，要求教育界批判周培源，但是后来一想，"文革"刚结束，又搞批判不大好。在这种情况下，周培源不想再做校长了，于是就从这里搬了出去。

周培源是理科教授，但也是社会活动家，他有几次重要发言。

1956年，毛主席召开座谈会，周培源觉得不应该学苏联，建科学院，把大学老师统统挖去。当时，国内学习苏联模式，大部分大学变成专科学校，综合大学基本拆了，我们北大是硕果仅存的几个综合大学，另外单建科学院，很多重要的研究力量到科学院去，大学只做教学，而研究在科学院系统。周培源觉得这样不好，西方没有科学院，只有大学。大学有两个重任，一个是教学，一个就是科研，不应该把它们拆开。

毛主席没有批评他，只是笑谈，说你想挖科学院的墙角。

1964年，周培源副校长批评中共北大党委书记兼北大校长

陆平，说他有三乱，乱说、乱干，还有一个乱什么，把北大搞乱
了。那时在搞社会主义教育运动，也就是"四清"运动。除了周
培源反对陆平，后来"文革"造反派聂元梓也反对陆平，她反对
陆平的理由跟周培源不一样，她说陆平抹杀阶级界限，已经达到
了无以复加的程度，必须把他撤掉。

什么叫抹杀阶级界限？就是在我们这个学校，没有阶级和阶
级斗争，只搞教学。毛主席1961年重提阶级斗争，陆平没有跟
上这个指示。聂元梓是从这一点上反对陆平校长，跟周培源不一
样，周培源只是反对他治理北大的方法。但也算是不谋而合，都
反对校长。

1966年，聂元梓造反，没把周培源打倒。虽然他应该算是
资产阶级反动学术权威，但两年前他曾跟聂元梓一起反对过校
长。不过，周培源的地位还是很尴尬，他没有重要职位，只是管
北大汉中分校的副校长。

80年代末，开始讨论三峡工程，那是周培源一生当中发言
最多、措辞最激烈、活动最频繁的一段时间。他一开始是支持三
峡的，但他从三峡工地未来的选址地回来以后，听到好多反对意
见。毕竟他不是水利专家，他是理论物理专家和力学专家。他听
到很多批评意见以后非常惊讶，于是频繁地找相关专家讨论，才
发现他的主张是错的，或者是危险的，所以他改变了看法。他听
说广东建了一个水库，引起地质变化，发生了地震。当时周培源
听到这个消息，把研究者请来，分析这事儿。总之他从一个三峡
工程的支持者变成缓建派，即使要建，也不能草率建。

他当时是全国政协副主席，1988年的时候，他带了将近200人的团队，到湖北、四川、重庆考察一个星期，白天开座谈会，晚上行船，实地考察。最后得出的结论是，要上，但不能全部上，要先支流，后主干，先上游，后下游，慢慢建起三峡工程。他给中央写了个报告，从22个方面论证三峡工程应该缓建，甚至是不建，其中包括生态问题、地质问题、泥沙问题，特别是他还考虑到国防安全问题。这个大坝185米高，当时说是两公里长，后来事实上是三公里长，这个大坝立起来以后形成的三峡库区一共600公里长。假如打起仗来，一颗导弹把它炸了，它会把上海全都淹了，整个流域都会遭殃。他还把军事科学院的人找到他的办公室，一起研究这个问题，然后向中央军委副主席刘华清汇报。

但他的主张最后还是没被采纳。

1991年的时候，实际上中央已经基本定下来了，一定要在1992年两会上通过三峡提案，1993年上马。这个时候，周培源特别着急，开始频繁发言。他说我现在为什么要搞三峡问题，因为我要推动决策民主化，决策科学化，以后凡是国家重大经济战略和经济项目，必须取得科学家的同意，进行民主投票。

中央听了这个发言，特别生气，想组织批判，后来一想他是全国政协副主席，又是特别有威望的科学家，影响太大，就压下了没批判。那怎么办呢？就请了另外一个全国政协副主席王任重，去看望周培源，动员他不要参加两会。王任重去问周培源，说老先生你身体怎么样啊，周培源说我的身体不大好，王任重说那好，那你就不要参加两会了。所以 1992 年两会的时候周培源没参加。王任重是三峡工程的支持者，特别激烈的支持，他甚至说死后把骨灰埋在三峡大坝。结果两会前几天，他去世了，也没参加两会。那次两会对三峡工程的反对票特别多，177 票反对，600 多票弃权，1700 多票同意，虽然是压倒多数，但有这么多人反对，在两会史上，是比较少见的。

周培源是 1993 年去世，就是三峡工程公司建成，完成了移民，最后开始启动工程的时候。

总之，尽管周培源是一个科学家，但在影响中国人生活的社会活动中，他曾频频发言，起了不少作用。

1924 年，周培源从清华毕业，获得庚子赔款奖学金，去美国留学。他原本喜欢工科，梦想工业救国，但后来却去了芝加哥大学，学理论物理。留美期间，周培源完成了一个近乎奇迹的数字，他用 3 年半时间，连续拿到了学士、硕士、博士 3 个学位，做到这一点，一般人起码需要 6 年时间。他女儿曾经问他，你为什么能在 3 年半时间连续拿到 3 个学位，

周培源

49

答案只有两个字："勤奋"。

周培源的学术研究主要是两方面，一是理论物理，主要是爱因斯坦广义相对论的引力论，1991年的时候，周培源89岁，因为引力论在实验上有了很大突破，他一高兴，心肌梗塞，住院了；二是流体力学，流体力学带有应用色彩，他是一个理论物理学家，当年在美国读大学也是读的理论物理，但到西南联大的时候，他觉得理论物理跟抗战离得太远，他觉得应该一切为抗战服务，所以他增加了一个学术研究方向，就是流体力学，当时他专门开了弹道课，就是子弹打出去以后弹道轨迹是什么，钱三强的太太何泽慧在德国学的就是弹道学，为什么学这个，就是因为在西南联大的时候，她听过周培源的弹道课，由此产生了兴趣。

40年代末，周培源有一段时间到美国度假，又开始研究流体力学里的湍流理论。通常我们看到空气的流动和水流，是在一个层面上的平滑层流，湍流是遇到阻碍物以后高速旋转，形成了一个旋涡，龙卷风和海里的旋涡，都是湍流。在力学当中，湍流是摧毁力最大的一种东西，它有三个特点，一个是它的凝聚力，旋涡总是朝中心凝聚，再一个是高速运作，第三个是在高速凝聚运动中，它会淘汰污浊。周培源研究湍流理论，主要就是研究湍流是怎么形成的以及怎么发展湍流理论为实践服务。在湍流理论的研究者当中，他的贡献特别大，被称为世界上四大力学家之一。

周培源跟科学史上的两位巨人，有过直接接触，这挺让中国科学家羡慕的。

他见的第一个巨人是海森堡。中国国家话剧院有一个特别好的话剧，叫《哥本哈根》，国家话剧院副院长王晓鹰执导的，每年都演。这个话剧一共就 3 个人物，一个是波尔，一个是波尔太太，另一个就是海森堡，他是犹太人，海森堡是波尔的学生，他们都是研究核物理的。

波尔夫妇是丹麦物理学家，住在哥本哈根，科学史上有一个谜团，1941 年 9 月，海森堡坐火车来到波尔家，一起进了晚餐，之后为了防止屋子里有窃听器，他俩到屋子外面交谈，谈完后，他们的友谊就中断了，海森堡留在纳粹德国，为希特勒发明原子弹，波尔在丹麦被德国占领后跑到美国，跟费米和奥本海默一起研制原子弹，而且成功了，那么两位科学家 1941 年的哥本哈根会面谈的到底是什么，是海森堡要探听波尔的核物理研究到了什么程度，还是说我动员你，我们都不发明原子弹，现在没人知道。

二战结束后，海森堡成了一个助纣为虐一心想为纳粹德国发明原子弹却没能成功的人，但海森堡说不是这么回事，他说正是因为我在，我阻止了纳粹发明原子弹，所以才让波尔你们在美国鼓捣出了第一颗原子弹。

这个话剧的内容，就是 3 个人的亡魂，在讨论 1941 年海森堡来干嘛。这话剧就一幕，一个空间，海森堡在客厅中，向波尔夫妇证实了他当时能发明原子弹，但他的良心拖延了原子弹研制的进度，所以他自认为他是个科学界的英雄。这是特别棒的一个话剧，我们不是学物理的，但观看其中的物理推导，却全能明白，就通俗到这种程度。

　　20 年代末，周培源到德国，跟海森堡一起研究量子物理。1928 年周培源 26 岁，海森堡 27 岁，但在德国已经做了教授，30 年代初，波尔就因为量子物理的研究，得了诺贝尔奖。我听杨振宁先生说，海森堡体育特别好，在周培源去之前，他一直是整个大学的乒乓球冠军，自周培源去了以后，他就只能屈居第二了，因为周培源比他打得还好。

　　30 年代中，周培源去了美国，清华教授做了一段时间的教学以后，有一整年的休假，当时面对民族兴亡的知识分子，会把休假当成学习，所以周培源到美国后，去普林斯顿高等研究所，进了爱因斯坦的相对论培训班。我们能看到的唯一一张中国人拍的爱因斯坦照片，就是周培源拍的。

　　中国人老说爱因斯坦在普林斯顿大学，实际不是，爱因斯坦是在普林斯顿高等研究所，在普林斯顿大学旁边，我去过那个地方，美国大学没有围墙，所以中国人容易把研究所和大学搞混，研究所那些老先生，愿意去普林斯顿大学教书也行，不去教书也行，你就做自己想做的事，不用考虑经费，你的想法和研究，也不用有任何实用价值，没人问你这些事情，只要你想做，就给你拨钱，让你在这儿做研究，爱因斯坦晚年就是在这儿度过的。

　　周培源在那儿，跟爱因斯坦接触了大概有五六个月时间，一起研究相对论。所以 60 年代末，陈伯达想批判爱因斯坦的相对论，把它批成是资产阶级的糟粕，曾找过周培源。周培源说，狭义相对论已经证实了，没法儿批判，广义相对论没有结论，可以探讨，但这些东西绝对不能批，如果批的话，会闹特别大的国际笑话。

陈伯达带了一大帮军宣队的人，来到北大，坐在一间教室里，把周培源请来，说我们要批爱因斯坦和相对论，你说应该怎么批。周培源不同意。会议结束后，周培源回去跟家里人说，就是可以讨论广义相对论，也是科学家的事儿，跟他们这些人没关系，他们哪儿听得懂。

我从杨振宁先生那儿得知，爱因斯坦晚年的时候，学术研究和精力都不行了，显然身体状况不行了，他给学习班讲课，有口音，学术思想也混乱，不知道他说的什么。但美国就是这样，只要你有想法，我也不管你状况什么样，就给你拨钱，让你研究。但爱因斯坦晚年没有什么成果。

北大原来没有力学专业，1952 年校院大合并，周培源来到北大，才建了北大的力学专业，就是数学力学系的力学专业。当年，他还领着学生和其他一些年轻老师，建了一个风洞实验室。

"文革"时，周培源被贴大字报，"打倒周白毛"，从海淀一直贴到西直门。周先生还有心情开玩笑，说我是周白毛，周招待，我们家阴盛阳衰。周先生与太太生有 4 个女儿，他与太太的爱情一度是燕园佳话，以他们夫妻为主角的三角恋爱故事，坊间流传了好几个版本。

我们这些后辈在北大上学的时候，关心最多的不是他的社会活动，也不是他的科学研究，而是他的感情生活。

唐师曾师兄写过一篇文章叫《一诺千金》，说周培源跟陈岱孙少年的时候共同看上了一个有文化的妇女，他们击掌相约，谁到美国先拿到博士学位，谁娶这个有文化的主妇。陈岱孙特别老实，在那边吭哧吭哧读了半天，读完博士回国一看，周培源已经略施小计，把这个有文化的女人娶到手了，所以陈岱孙一辈子没有结婚。

还有一种传说，说是叶企孙和周培源一起看中了一个女人，就是周培源后来的太太。周太太的择偶标准，首先这人得高大，周培源 1 米 8，叶企孙非常矮，其次这人还得潇洒，叶企孙是个大物理学家，但是有点口吃，见了女人特别羞涩，所以周太太后来选择了周培源，叶企孙一辈子没结婚。

北大新闻与传播学院退休教授许渊冲写过一本书，叫《山阴道上》，其中有篇文章叫《那一代人的爱情》，里面也提到这事，也是说陈岱孙跟周培源在留学的时候，共同看上了一个女人，后来周培源跟那个女人结婚，陈岱孙一辈子没结婚。

他们这些记述都有问题。这几位留学全是 20 年代，1930 年周培源已经回国了，他去他一个同学家，看到一张照片，是一个女孩儿的照片，他以为这个女孩儿是这个同学的太太，后来一问才知道，这女孩儿是这同学的太太的同学，在女子师范大学读书，长得非常漂亮，叫王蒂澂，周培源就看上了她，经过介绍，在 1932 年的时候结婚了，清华梅贻琦校长主持婚礼，还闹了个笑话，梅校长一上来就说，今天是我来主持王蒂澂先生和周培源女士的婚礼，大家一听笑得够呛。所以唐师曾师兄和许渊冲先生说的年代都不对。30 年代，他们已经都做了清华教授以后，周培源先生才碰到王蒂澂女士。

　　周培源夫妇，男的长得又好看，身材又高大，女的又是美女，所以他们是当年清华一道亮丽的风景。曹禺是清华研究生，他后来跟周培源的女儿说，当年你妈你爸在校园里一出现，我们这些学生就后面跟着看，羡慕啊，偶像剧啊。

　　周培源一共生了4个女儿，是一个男人五个女人的家庭。在西南联大的时候，他的两个女儿上小学，要到12华里以外，周培源怎么办呢，他早年跟爸爸学会了骑马，所以他就买了一匹云南枣红马，每天早晨五点半起床，先把两个孩子送到学校，他再回到西南联大上课，一三五上课，二四六没课，他送完女儿就去当放马官，喂马。那马叫华龙，学生们特别喜欢，他上课的时

周培源与家人

候，把马往教室外面一拴，学生们上着课也会往窗外看，看那马，下课都去喂马。太太王蒂澂养了一条狗，叫华云，合起来就是龙云，当时云南省主席就叫龙云。周培源曾经跟别人说过，英国女王的马会跳八种舞步，我这马我已经教会它四种舞步。当时金岳霖先生说，如果把我们这些教授放到一个孤岛上，没人管，第一个死的肯定是叶企孙，他没生活能力，第二个死的就是我，我也不怎么样，唯一能活下来的就是周培源先生。

周先生两口子一辈子没闹过红脸，没吵过架，周培源到了50岁的时候耳朵就不好了，耳背，所以说话声音特别大，他老觉得别人听不见，其实别人听见了，就是他自己听不见。他太太1989年瘫痪了，他每天到太太那儿跟她说，咱们已经结婚60多年了，你是对我最好的，我一辈子只爱你，全屋的人全能听见。

周太太也高寿，比周培源去世晚。周培源先生在1993年的时候，有一天起来，向太太问安，聊了一会儿话，说不大舒服，要去躺一会儿，一躺下就再也没起来。他太太特别悲伤，说你说话不算数，你一直跟我说你送我走，现在你什么都没说，就自己先走了。火葬之前，王蒂澂让女儿给周培源兜里揣了个纸条，上面写着："培源，一辈子我是最爱你的人，你永远活在我们心中。"

1946年，周先生再度去美国，他的女儿周如苹说，如果当年全家留在美国，父亲的学术成就可能更辉煌，但他们压根儿就没想久留。买来新床单，母亲会说，别打开，留着回国用。1947年春，周先生一家回到祖国。

1966年，聂元梓贴了"第一张马列主义大字报"，成为北大校"革委会"主任，等于就是校长了。周培源副校长向她汇报北大汉中分校的情况，聂元梓不听，周培源说那边造反运动，弄得学校特别乱，聂元梓说，你找管后勤的副校长，让他来管。还有一次，柬埔寨西哈努克亲王的儿子来了，要参观"文革"成果展览，聂元梓跟周培源说，我明天有事，不去，你们跟他谈，所以周培源就跟王子说，我们"革委会"主任今天有事，不能来，我们来陪你，话音没落，聂元梓突然进来了，很尴尬，周培源赶紧说她事儿忙完了，现在出现了，现在我们参观展览馆去吧。周培源问聂元梓，前几天我看展览馆很差，整理好了没有，聂元梓说整理好了，现在就去吧，周培源说您向王子介绍一下"文革"情况好不好，聂元梓说不用介绍，那儿有展览，我还介绍什么，让他自己看吧，态度很不好。结果到了展览馆，发现没钥匙，等了一小时，管门人才把门打开，里面一片狼藉，脏极了，不仅没整理，就没人管这地方。周培源因为这两件事，对聂元梓有意见，觉得她不配做校长，不靠谱，所以他们开始有隔阂。

过了一段时间，周培源写了一个万言大字报，给聂元梓提意见，语气比较温和，但他们的隔阂更深了。这个时候，聂元梓那种粗暴的作风，造成北大很多人反对她，聂元梓是"造反派"，还有五个"造反派"反对聂元梓，所有这些"造反派"都有一个特点，都拥护毛主席，但都认为别人是反对毛主席的。这五个派别都是反对聂元梓的，他们群龙无首，都是年轻人，想来想去，谁能又有地位，又有名望，又有年龄，又能五个团体都听他的，他还能跟聂元梓抗衡呢，大家就想到了前段时间贴聂元梓大字报

的周培源,把周培源请来了。季羡林的回忆录讲,他当年看到造反派两拨儿人在大饭厅辩论,中间只有一个周培源白发苍苍,在里面特别不和谐,地位和年龄都不合适,看着非常滑稽。

周培源当了这五个造反派联合团体的头,跟聂元梓抗衡,聂元梓这个派别叫"新北大公社",周培源这五个团体联合在一起叫"井冈山",两派对立。聂元梓就想,不行,我得把周培源给处理了。有一天深夜,她叫来好几百人,整个把燕南园包围了,各条路口都把好,来抄周培源的家,想把周培源绑架走。力学系有一个一年级学生,曾经在汉中分校,周培源对他特别好,他在聂元梓那个派别,但是心疼老师,他想了半天觉得应该通风报信。他不敢直接从学生宿舍区进燕南园,他先去未名湖绕了一圈,又穿过五院三院,偷偷来到燕南园,跑到周培源家里来说你赶快逃跑,聂元梓马上要抓你。周培源就跟女儿从后院跑了,"井冈山派"的总部在学生宿舍28楼,他们就跑到28楼避难。聂元梓扑了空,把周家抄得杯盘狼藉。周培源的小女儿年龄小,不知道危险,说你们谁敢动,有一个工人模样的人,五大三粗,一拳打过来,周培源太太为了保护女儿,挡在前面,眼睛被打得乌眼青。周培源一直没敢回来。

周恩来听到这个消息,特别生气,训斥了聂元梓,同时告诉周培源:"你要下山。"他井冈山派,要他从这个"造反派"里退出来,周培源就退了。这样,他就没在后来1968年的大型武斗中出现,那场武斗打得特别厉害,在燕南园南边的学生宿舍区,新北大公社派冲进31楼,因为31楼住了很多"井冈山派",把他们打得够呛，逼着他们从楼上跳下来，还有人死了。

周培源先生 27 岁就成为中国名牌大学的教授，在那个时代，这种情况非常普遍。比如说，叶企孙先生 27 岁当大学教授，萨本栋先生是 26 岁，陈岱孙先生也是 27 岁，原因可能是当年人才稀缺。

中国最早的大学是 19 世纪末 20 世纪初产生的，没有一个完整的体制，又是校长治校，校长认为谁学术水平够了，就直接给他发聘书，聘任教授，一年一发，一年的教学完成了觉得不适合，明年就不发聘书了，没有现在这么复杂的晋升制度。

周培源一回来，27 岁就做了清华物理系教授，他开的一门课是相对论，只有 9 个人注册，到学期末的时候，只剩下 1 个人了。叶企孙作为物理系主任，没有立刻说你这教的什么呀，我告诉校长明年就不聘你了。不是，是给他调整了课程，让他教别的，很爱护人才。

周培源 1919 年 17 岁，在上海圣约翰大学附中读书，"五四"运动他闹得也挺厉害，被学校开除了。他有一天随便看报纸，发现清华招插班生。清华是 1928 年才建成的大学，1919 年还叫清华学校。清华学校为什么要招插班生，因为当年清华体制是这样的，它有四年中等科，还有四年高等科，这四年中等科和高等科的前两年，相当于我们的六年制中学，高等科的三四年级，相当于大学一二年级，学制很复杂。它是淘汰制，你在这儿读书，考试不及格，我就把你刷掉，那空缺怎么办，临时在各个省会招插班生。周培源正好碰到招五个插班生，他以第二名的成绩，考进

清华，一上来就上了初等科三年级。他智力水平特别高，学习特别好，特别快地升成初等科四年级，最后跳级毕业了。

因为学习特别优异，他拿到了庚子赔款奖学金，去美国读书。当时美国退回庚子赔款多余部分，专门作为中国学生的留美奖学金，那时候很多人都是拿着庚子赔款去美国读书的。这些人最差的是拿一硕士，基本都拿了博士学位回来，他们只要一回来，基本就直接成了教授。

另外要注意，当年那些教授，跟我们现在说的教授不完全一样，如果他是预科教授，相当于现在的讲师；如果他是本科教授，相当于现在的副教授；如果是正教授，才是现在的教授。当时把大学老师都叫教授，所以说聘为教授，也可能是副教授。他们的薪水有很大差别。当年教授非常富裕，像周培源做了教授以后，薪水三四百块大洋。工人一个月如果是 12 块钱大洋，太太不工作，再养 2 个孩子，12 块钱就够了。而这些教授是三四百块大洋，等于现在月薪三四万，非常富裕。

背负民族苦难的十字架，可以说是这一代知识分子的历史宿命。周先生曾给加州理工大学的威兰德先生写信："我总是感觉，我们这些拿着政府奖学金，亦即人民的钱在国外受过教育的人，在中国有个责任要尽。但是归国尽责，却有着说不出的苦闷。"1954 年 9 月，北京高校党委办公室前来调查，周培源说过一段分量颇重的话："科学工作者如何发挥作用问题，至今未很好解决，几年来科学工作者虽然起了很大的作用，但是觉得发挥力量不够。"

总想跟上时代的冯友兰

北大燕南园 58 号和 57 号，从天上向下看，是对称的，分别住着两位大哲学家，58 号是汤用彤教授，刚刚去世的汤一介教授原先也在这里陪父母住，57 号是冯友兰教授的家。它们不是标准的中国四合院，因为是美国人建的，所以不讲究中国四合院

的规格，没有一进、二进、三进，也没有东厢房和西厢房，想怎么盖就怎么盖，但外部采用的全是中式风格。

57 号院门，正对着一条小路，这在中国的风水里算是路煞，所以过去院门外种着一小排竹子，现在可能是嫌费事儿，竖着几棵假竹子，东倒西歪，目的是像屏风一样挡住小路。

冯先生的三女儿叫冯钟璞，是作家，笔名"宗璞"，冯先生过世后她仍住在这里，但向院里探望一下，杂草丛生，估计最近没人住。宗璞住在这儿的时候，栅栏门是虚掩的，任何人来参观，她都让进，她的眼睛像她爸爸一样，晚年很不好，但还是会带着大家参观。

冯友兰最早不住这儿，许多燕南园札记中说，1952 年校院合并后，冯友兰从清华过来，就住进了这里，其实不对，有一张老照片，是 1956 年冬天拍的，冯友兰一家人和孙维世夫妇的合影，他们站在 54 号楼前，也就是说，1956 年冬天的时候，冯家还在 54 号，57 号当时住的是中共北大党委书记江隆基，后来他们两家对调了，所以大概是在 50 年代末或 60 年代初，冯先生才开始住进 57 号，一直住到 1990 年去世。

为什么冯友兰教授的著作叫《三松堂全集》？因为他这个院子里有三棵松，一棵直上云天，一棵上了房檐以后呈 90 度弯曲，还有一棵比较矮，但树冠平展，这棵矮松 21 世纪初就死了，2003 年补上了一棵，所以冯先生的书房和著作就叫"三松堂"。

关于冯友兰，如果您在互联网上搜索一下，最近的一条，是2013 年 6 月 29 日，韩国总统朴槿惠到访清华，清华送给朴总统

两件礼物，其中有一件礼物是冯先生的手书——"一片冰心在玉壶"——这是冯先生89岁时写的。2007年，朴槿惠撰文说："在我最困难的时期，使我重新找回内心平静的生命灯塔的，是中国著名学者冯友兰的著作《中国哲学史》。"

现在的年轻人已经不大熟悉冯友兰了，所以许多人都很好奇，冯友兰究竟有什么过人之处，可以让一个外国人，在人生最迷茫最困惑的时候，找到奋发向上的力量，最终成长为韩国第一任女总统。

冯友兰曾经四写中国哲学史。

第一次写哲学史，是1931年和1934年，他分别出了《中国哲学史》上册和下册。过去，我们有过关于中国哲学的各种记录，但真正把西方哲学研究的标准体系引进来，记录分析中国哲学的，是胡适。他在1919年的时候，写过《中国哲学史大纲》上册，

这是我们中国人第一次用现代哲学方式研究中国古代哲学。但胡适只出了上册，下册就不见文了，所以直到冯友兰出了《中国哲学史》之后，我们才有了完整的中国哲学史。

当时，冯先生是在清华任教，清华特别重视他这部著作，专门找了陈寅恪和金岳霖来作审查报告，评判这个年轻人写的东西好不好。金岳霖说，看胡适的中国哲学史，总觉得他是个美国人。他说哲学是有成见的，但哲学史是不能有成见的，必须客观，胡适的哲学史有成见，冯友兰的哲学史记录了有成见的哲学，但它本身没有成见，所以非常出色。

冯友兰第二次写中国哲学史，日本人打进来了，全国抗战，清华、北大、南开先撤到长沙，最后去了昆明，组成西南联大。就在这个时期，冯友兰二写中国哲学史，但这次他不是按纪年写，而是按话题写，这便是著名的"贞元六书"，包括《新理学》、《新事论》、《新世训》、《新原人》、《新原道》、《新知言》，一共六本。为什么叫"贞元六书"，"贞"是"正"的意思，正经八百的正，"元"是"起元"，就是"贞下起元"，意思是国民党这时候开始上正道了，中华民族开始振兴了。所以这六本书，会在新中国成立后给他造成极大的麻烦，因为他是在歌颂国民党要走上正路。

1949 年以前的冯友兰，代表着旧时代的最高哲学水平，邻居汤用彤曾夸赞他："1949 年之前，外国人了解中国哲学，就是通过冯友兰先生。在他们眼中，冯友兰就是中国哲学，中国哲学就是冯友兰。"就是这样一个冯友兰，1949 年中共刚一建政，他便马上给毛主席写信，说我过去犯有错误，有罪过，我要在五年之内，用马列主义哲学观点，再写一部哲学史，这是他构想第三次写中国哲学史。

世事剧变，人的力量特别微小，在特动荡的局面中，很难把握自己。1948 年年底，蒋介石派飞机接名教授们去台湾，清华校长梅贻琦专门跟冯友兰谈了，说这是蒋先生给你们留的飞机，最后一架了，但冯友兰拒绝了，没有走。当年很多教授倾向于左，认为延安是希望，现在延安这帮人要建立一个新政权了，或许整个民族就新生了，他们带着这样一个挺纯洁的愿望留了下来。梅校长去台湾了，冯友兰担任校务委员会主席，等于是事实上的校长，但没多久他就被解放军给撤了，所以他可能意识到，留下来是危险的。他想用马列思想写中国哲学史，可能是迫于政治压力，有明哲保身的一面，但也有要跟上时代的想法。他可能真的觉得过去那个时代是错的，我生活在那个时代，我的思想也是错的，我现在要新生。总之，冯友兰跟毛主席说，五年之内，我要用马列主义观点重新写中国哲学史。

毛主席给冯友兰回了一封信，说你过去犯过错误的，如果你有心改正，又能实践，这是好的，但不必急于求成，总之以采取老实态度为宜。换句话说，以前你犯有严重错误，你可能还不老实。

实际上，五年之内写出用马列主义观点指导的中国哲学史，这非常之困难。当时，所有哲学系跟没了一样，那时候认为，哲学是争夺民族思想特别重要的工具，但大学里所有老教师，基本

冯友兰夫妇

都是唯心论哲学家，而教马列主义哲学课的人几乎没有，所以就把哲学课给停了，哲学系都不讲课。冯友兰调入北大后，北大哲学系先是不让他教书，给他定成四级教授，过了两年之后才恢复成一级，但他还只能教中国哲学史中先秦这一段，其他阶段由其他人教，不信任他，直到1959年前后才开始让他全程授课，可1960年中国哲学史这课就取消了，全部改上马列主义哲学。

　　在不停的批斗和检讨中，冯友兰没法兑现五年内写出新哲学史的诺言，直到1961年他才写成《中国哲学史新编》上册。他认为，他是用马列主义观点写的这部中国哲学史，但书刚一出版就遭到批判，说他所有的马列主义词句全是曲解，都是附会。1964年，冯友兰又出了《中国哲学史新编》下册，依然是引起了巨大的批评，说书里贯穿的全是唯心史观，根本不是马列主义。

50年代，冯友兰没被打成"右派"，但60年代"文革"中，他非常惨。他的家院门口贴一张纸，上面写的是"冯友兰的黑窝"，任何人来了，都可以进去批斗他一番，然后抄家。那时候，红卫兵把他家里的各种门，包括柜门，全都封了，所以他没法拿衣服。批斗他的时候，他只好找块麻袋片，披在身上防寒。1967年年初，他做了一次前列腺手术，按当时的身份，他很难住院，住院以后刚做完手术，他马上就被医院赶了出来，不久后，他又艰难地住进医院，做了第二次手术，结果第二天又被赶了出来，马上接受批斗，身上还挂着尿瓶子。

前面提到孙维世，孙维世为什么跟冯家有关系呢，冯友兰的太太叫任载坤，任载坤的爸爸叫任芝铭，是辛亥革命元勋，老革命，这老革命一共生了6个女儿，二女儿任锐嫁给一个叫孙炳文的革命家，孙炳文在蒋中正清党的时候被杀了，任锐后来也病死了，所以他们的女儿孙维世就成了孤儿，变成周恩来的养女，任芝铭的三女儿任载坤嫁给了冯友兰，所以孙维世管冯友兰叫姨夫，她的姨是任载坤。

"文革"中很多人自杀，实际上是因为失去了家庭这最后一个依靠，没有任何退路，所以就真的活不下去了。任载坤不一样，在冯友兰最困难的时候，她一直对他特别好，这是冯友兰最后一个精神支柱，有她在，冯先生便熬过来了。1977年，冯友兰因为曾经靠拢"四人帮"而接受政治审查时，任载坤得了胰腺

癌，不久就去世了。

57号斜对面是55号，原来住的是冯定教授，是马列主义哲学家。毛主席1957年点名让他进北大，跟冯友兰唱对台戏。

冯定进北大，北大哲学系的老师并没把他视为工农干部，因为冯定写过很多通俗哲学的书，尽管他信奉的是马克思主义哲学，但这毕竟是一个分科，他曾以通俗的方式介绍马克思主义哲学，比如他写过一本书叫做《平凡的真理》的书，在建政初年特别有影响。所以他有这样一些通俗哲学著作的成果，北大很接受他，他又不以他的政治背景来压人，所以双方处得非常融洽。

冯定是共产党的高级干部，进北大以后，不担任任何行政职务。他的级别很高，周总理是行政三级，冯定是行政六级。他这么大的一个干部，来北大不担任任何行政职务，只做普通教授，目标只有一个，就是跟冯友兰对着干。但冯定先生特别有意思，他地位很高，但性格非常和善。到北大以后，他去唯心主义哲学家们的家里拜访一遍，和他们打成一片，从没真正跟他们作过对。

北大哲学系那时候招收马列主义研究生，只有冯定一个人是导师。但"文革"的时候，冯定因为跟那帮唯心主义哲学家关系好，所以也被批斗了。他本来是被派来跟冯友兰唱对台戏的，但"文革"的时候，他俩成了难兄难弟，经常一起去挨斗。有一次结束批斗，冯定先生从燕南园南边的小山坡往家走，突然犯了低血糖，险些晕倒，是冯友兰先生把他架到自己家，喝了冯夫人的姜汤水才恢复的。

到了 1968 年，毛主席说了一句话，他说像冯友兰这样的人，要养起来，仍然让他当教授，给他发工资，为什么呢，你们这些人我要问问唯心史的那些事，你们知道吗，你们不知道，就还得问冯友兰，所以要把他养起来。于是冯先生恢复了自由，这之前，他被关在北大外文楼，那地方当时叫"劳改大院"，"牛鬼蛇神"全关在里面，叫"牛棚"。"文革"当中，一些工人为了跟资产阶级反动权威争地位，把冯友兰家占了，最多的时候，冯家住进六户人家。他落实政策以后，清理了一部分工人，冯家稍微恢复了点儿原样。所以 1968 年年底毛主席生日的时候，冯友兰给毛主席写诗，歌颂他，感恩戴德。

70 年代初，冯友兰给毛主席写了 33 首组诗《韶山颂》，毛主席看了以后，托人表示感谢。此后，冯先生追赶毛主席，大踏步向"四人帮"靠拢了过去。后来，中央组了个写作班子，叫"梁效"，也就是"两校"的意思，北大和清华两个学校的谐音，由这两个学校 30 多位教师组成。这些教师多数是年轻人，年轻人如果出了错，把关的是一些老先生，老先生的建置叫"注释组"，里面有北大的魏建功、冯友兰、周一良。

"文革"结束后，冯友兰因为在"梁效"注释组工作，被隔离审查，1978 年才结束。这种审查，跟"文革"的审查方式差不多。"梁效"班子曾翻译《论语》里的《乡党》，这是记录孔丘生活状态的文章，里面有一句话是"趋进，翼如也"，记录的是孔丘在朝廷中快走的样子，"趋进"就是"快步往前走"，"翼如也"就是"胳膊像鸟一样张开"。这话怎么翻译呢，如果是"如

鸟张翅"，还不算通俗，所以魏建功先生说，把它翻译成"端着两个胳膊快速往前走"，这下一听就能懂。很形象，也非常通俗，就通过了。结果到审查的时候，有人提出来，这是不是讽刺周恩来！周恩来右手受过伤，总是端着胳膊。审来审去，大家反复说，没这个意思，而且周恩来也不是两个胳膊都端着，这完全是说孔丘自己的样子。这就是审查为"文革"服务过的人的方式，跟"文革"审查人一样，一直到1978年才结束。

1980年，冯先生已经85岁，身体特别差，不停地去医院。他说，我必须治病，因为我还有一件事要做，等这事做完了，我就不用治了。什么事呢？要第四次重写中国哲学史！《贞元六书》是个错误，60年代写的《中国哲学史新编》完全是在思想被整个环境左右下违心写的，所以现在要不依傍别人，用自己现有的马列主义水平，重写中国哲学史。他还是说要以马列主义水平去写书，因为从"文革"过来的人，总是觉得要有一个意识形态的主体来指导才行，但这已经有了不小的进步，在1980年，大家对"文革"记忆犹新，心有余悸，他能说只按照自己现有的马列主义水平，至于别人什么样我不管，只按照自己的水平重写中国哲学史，已经很了不起。

就这样，他从1982年开始出版《中国哲学史新编》第一册，一直到1989年共出了六册，1990年写完第七册，此时已是冯友兰生命的尽头，95岁，很快他就去世了。

当时，第七册还没出版成，因为里面第77章是《毛泽东与中国现代革命》，与主流意识形态不一样，所以不让出版。也就是说，这七卷本 150 万字的《中国哲学史新编》第七卷不能出版，所以丁石孙校长和一些有名望的人曾联名上书中央，呼吁把那本书出版了，宗璞也给中央首长写信，想把这书出了，但都是不了了之。

好在现在第七卷出了，《三松堂全集》第十卷，收了《中国哲学史新编》第七卷。

这就是冯先生，一辈子写了四次中国哲学史，挺悲剧的一个人物。第四次写哲学史的冯先生，已经做到修辞立其诚，不迷信权威，不依傍他人，他说这次写作让他感受到"海阔天空我自飞"的自由。

冯友兰并不认为自己在书房里看旧书，成天研究哲学，跟丰富的人生、民族的演进、国家的建设没什么关系。他在 80 年代出版的《中国哲学史新编》第一卷的序言里说过这样一句话，他说《诗经》里有一句话是"周虽旧邦，其命维新"，周朝尽管是数百年的老国家，但他的使命是求新，他说他写哲学史也是一样，是"阐旧邦，辅新政，帮助现代化"。所以他从一开始就认为，他的哲学不是跟国家没关系，哲学是人类精神的反思，把这些东西想清楚，对国家建设和民族的演进成长，都是特别好的事。

他也并非老书虫子，他在美国攻读博士学位是在哥伦比亚大学，他去美国之前，曾经问胡适，说我现在要去那边读书，您刚从那边回来，您告诉我，美国有哪些好大学。胡适跟他说，美国有两所大学我觉得特别好，特别是对学习哲学来说，一个是哈

佛，一个是哥伦比亚大学，但哈佛是一个老学校，思想是老的，哥伦比亚大学是新学校，思想是新的，所以冯友兰就选择了哥伦比亚大学，因为他从一开始就是求新的。这不是像我们想的那样，他独自一个人在写哲学史，是一个特别老气的书虫子。其实他整天想的全是，他这套东西，跟国家有什么关系，所以他的一生是特别贴近这个国家的。像汤用彤先生，他不是太贴近国家，当然他去世得也早。

如果离政治远一点儿，可能能过得舒坦一些。但冯友兰想跟国家和新社会同呼吸，却总也跟不上。中共刚一建政，他便给毛主席写信，毛主席回信，要他采取老实态度为宜。50年代初，作为中国最大的唯心史观的哲学家，他是批评的重点，因为他那些唯心主义哲学史的成果，也是唯心史论的代表。

1951年，冯友兰去南亚次大陆访问，见到当年西南联大的训导处主任查良钊。两个老人，一个去了台湾，一个留在大陆，当时正逢西南联大建校14年，本来两个故人应该叙叙旧。查良钊怕冯友兰不理他，还提前给他写了个条儿，说我们老友相见，回去后，你要向别人带个好。结果冯友兰一见查良钊，扭身就走，离开了会场。主持会议的人说，这像是中国人吗，中国是礼仪之邦，这哪有一点道理！因为当时的外事纪律是，跟台湾方面的人，不能在同一场合出现，所以见到他们要马上回避。

当时，印度德里大学要给冯友兰颁一个荣誉博士学位，但颁发理由中提到冯友兰30年代初写过《中国哲学史》，1940年前后写过"贞元六书"。外交部知道了，马上通知冯友兰，说这些措辞有问题，请先生在适当的时候予以反驳。所以对方一宣称他写过这些东西，冯友兰马上说，中国革命已经胜利，我以前的那些东西全是没用的，毫无意义。

这挺悲剧的，他彻底否定了自己以前的学术成果，不停地检讨，很艰难地渡过了知识分子的思想改造运动。1957年，毛主席提出"双百"方针，冯友兰听到"百花齐放"，不小心在报纸上发表一篇文章，说给古代文化留下的空间太小了，继承的太少了，批判的太多了。文章一出来，大家又炸了营，又批判他，说他还是要跟共产党争夺哲学史的领导权。冯友兰十分紧张，在1959年写了一篇文章，叫"40年的回顾"，认为自己原来是反共的，反对毛泽东思想的。所以一直到70年代，他要革新，做马列主义阵营中的一个小兵，这才开始被视为自己人。但1977年，他又被隔离审查。他不断紧跟，留下了坏名声，却永远差那么一步。

冯钟璞的丈夫叫蔡仲德，他曾在台湾《清华学报》上发过一篇文章，评论岳父冯友兰的一生。他说，冯友兰在建政之前，有独立的自我，有独立的学术著作，改革开放以后，他的晚年，是恢复自我的阶段。他一生跌宕起伏。

冯友兰确实不够刚烈，但在那样逼仄的环境中，如果他把持气节，特别倔强，他就活不过来。当年那些批判，如果过不了关，他拖家带口，怎么办。当年，已没有任何私营学校，没有私营机构，如果体制不让他干了，他就饿死了，全家还得受拖累。这是一种非常艰难的选择，而且你只能这样，不能那样，要么去

死，要么苟且地活着。我认为，可能冯友兰确有投机思想，但我仍然相信那一代老先生，在那样一种环境下，他的思想改变曾经带来内心的冲动，确实是想跟上时代，却怎么也跟不上。

当年的"梁效"班子，在北大最北边，朗润园北岸的北招待所。年轻人不能回家，对外要保密，不能说在这儿干什么。老先生晚上可以回家，他们经常接一些特别急的活儿，有时候回家要披星戴月。那时候冯友兰觉得特别自豪，终于他又有用了，还能为党为毛主席工作到这么晚。

"梁效"注释组的老先生有这么一些事需要做。第一是年轻人写的东西，他们要负责把关，比如1975年的时候，反邓批邓已经公开化，这些年轻人得到中央指示，说能不能把批邓和批孔结合在一起，说邓小平继承的是孔丘的衣钵，两人都坏，中央为了影射邓小平，问年轻人能不能说孔丘也是矮个儿，老先生们说不行，孔丘是高大的人，身高接近两米，孔武有力，不能写成矮子。这时候他们要把关。第二个要做的是，毛主席晚年眼睛不好，他要听一些通俗的古代文化，老先生要给他翻译成白话文。第三是江青听了毛主席的谈话，哪个典故不知道，会马上向老先生咨询。

这几件事，让这些老先生终于觉得自己能发挥余热，很有存在感。哪知道毛主席一死，天色大变，在一段时间内，他们都被隔离审查，过得颠三倒四。

我认为，这些老先生当年的思想转变，其实是他们自己很真诚地想要转变，当然也可能有那么一点点投机的因素，不排除人人想往高处走，而且学术地位和生活状态能好一些，但更多的可能是，他们确实认为未来国家会更好，要跟上领袖的步伐。

他们甚至迷信到了"我不懂也要跟上毛主席，他一定是对的，我肯定是错的"的状态。有一次，冯友兰给毛主席献诗，有一句是"为有东风着力勤，朽株也要绿成荫"，"东风"指毛主席，意思是，毛主席一直在勤奋地教育他，一直没有毁弃他，像他这样枯朽的干枝，也能成绿荫。他写这样的诗，可能是想投毛主席所好，但更多的是他认为毛主席是对的，我就是跟不上他。

冯友兰生活在跌宕起伏的20世纪，政治风云变化太过迅速，从1911年到1949年，只有38年，但变化剧烈，从帝制到北洋派，再到国民党统治，日本入侵，最后变成共产党执政。所以那一代老人经历的世事，简直太跌宕了，许多人觉得跟不上社会的步伐。

总想跟上时代，却总也跟不上，这确是当时很多知识分子的困惑和痛苦。余英时先生认为，冯先生一生的悲剧，主要是因为他始终有一颗向帝王进言的心，他不甘只做哲学界的王，他想要做帝王师，或者至少是要做政治领域的高级顾问。我认为这段评价大体是公允的，冯先生为后代留下口实，从某种意义上，是因为太注重世俗名誉，更重要的是，他没有坚信未来。

翦伯赞为什么自杀

许多文章写北大燕南园，都把64号写成翦伯赞故居，其实翦伯赞故居不在这儿，在北大附小里面，是燕东园28号。那么大家为什么会把这儿当成他的故居呢，是因为"文革"中翦伯赞被打倒了，后来毛主席说，像翦伯赞这样的人，也要养起来。那时候燕东园28号被占了，没法儿再住回去，所以搬到燕南园64号，只住了1个月，就在这里自杀了。

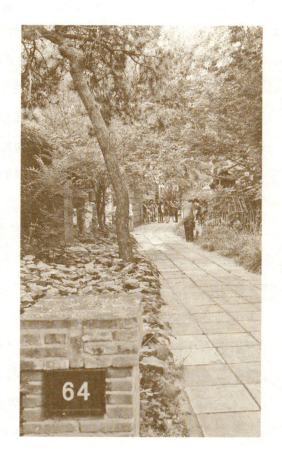

　　1966 年，"造反派"围攻燕东园 28 号，翦家从里面把门锁上。"造反派"找来梯子，要从 2 层窗户爬进去，翦家保姆想，"造反派"反正也能爬进来，与其对抗到底，把家毁了，不如把门打开算了。于是造反派冲进来，把翦伯赞抓走了，去批斗。西方刊发过一张有名的照片，记录了翦伯赞被批斗时的情景，那时候他 68 岁，站不住，"造反派"给他立起一个板凳，让他扶着板凳站着，就这样被批了几个小时。有一次，翦伯赞被从厕所抓出来批斗，造反派把粪纸篓扣在他的头上。那段时间，他经常遭受拳打脚踢，非常悲惨。后来，他从燕东园 28 号被赶出来，搬到成府路蒋家胡同一个挺小的小平房里，在门口支一个锅做饭。成府路的孩子们听说有一个"大坏蛋"住在这里，经常闯进翦家骂他，批斗他，往门口的锅里吐唾沫，扔脏东西。

　　翦伯赞之所以会遭到批斗，因为他有几个学术观点，与主流思想相左。第一，有一种术语叫"新史学"，新史学有五大家，第一个是郭沫若，第二个是范文澜，第三个就是翦伯赞，后面还有两个是吕振羽和侯外庐。"新史学"是什么意思呢，过去的史学没有一个前后贯穿的意识形态，但新史学家把历史唯物主义拿来作为线索，重新解读历史，把它写成课本，后来我们学的就是历史唯物主义的中国历史和世界历史。翦伯赞也是按照马列主义方法来看中国历史的，也这么编书，可他有一个主张，他说地上撒了好多铜钱，这些铜钱是史料，我们要拿一根线把它们串起来，这根线就是历史唯物主义，可是你不要在串这根线的时候让大家看得特别明显，特别是不要把马克思和恩格斯说的话直接写进我们的历史书里，我们写的是中国历史，马恩是德国人，这成了他后来被批判的一大罪状，说他反对马克思主义，而翦伯赞认为历史应该为政治服务，但历史并不是政治的女仆，想让她干什么她就必须干什么，她有她的独立性。

第二，在毛泽东时代，农民起义拥有很高的地位，全部是高大上，翦伯赞不这么看，认为不能把农民起义捧得太高，在这样的观点下，他还有一些具体的主张。当时范文澜认为，每一次农民起义结束以后，统治阶级都会让步，这叫"让步论"。翦伯赞没这么绝对，他认为统治阶级每次都是适当的让步，能让多大的步，取决于统治阶级和农民阶级之间的力量对比，如果统治阶级力量大，就让一点儿步，但总之他的观点属于让步论，这让毛主席特别反感，他说，什么让步，没有任何一次统治阶级会让步。

第三，戚本禹说，太平军李秀成是个叛徒，因为他最后写了自首书，但翦伯赞认为，不能因为他写了自首书就说他是叛徒，更不能因此去否定他的一生，毛主席看了翦伯赞的主张，写了批示，说白纸黑字，铁证如山，晚节不保。所以说，在历史问题上，翦伯赞和毛主席有分歧。

毛主席对翦伯赞的态度急转直下，最直接的导火索，是翦伯赞对《海瑞罢官》的态度。60年代中期，毛主席委托姚文元批判吴晗的《海瑞罢官》，拉开"文革"大幕。但是最初，没有人知道姚文元这篇文章是谁授意写的，所以翦伯赞在接受采访时说，姚文元的这篇文章特别坏，吴晗是我的朋友，我非常了解他，他早年就参加了革命，他写历史剧不是影射，姚文元是坏人，吴晗是好人。毛主席看了情况汇报，在翦伯赞的名字后面画了3个圈，不知道是什么意思。他后来点名说，像范文澜和翦伯赞这些人，不行了，应该打倒。所以"文化大革命"一开始，翦伯赞在北大被打倒的排名特别高，第一个是北大书记兼校长陆平，第二个是副书记彭珮云，第三个就是翦伯赞。

到了1968年，毛主席说，像冯友兰和翦伯赞这样的人，也要养起来，别让他们没出路，当个反面教材，如果问帝王将相的事儿，你们谁能回答？还得问他们。毛主席对翦伯赞的批示传达之后，翦伯赞搬进了燕南园64号，北大还给他配了一个工人，叫杜铨，50多岁，无论翦伯赞到哪儿，这个工人都要跟着，说是照顾他，实际就是监视他，但这个老工人对他不错。北大"军宣队"和"工宣队"还开了一个落实政策大会，翦伯赞第一次戴上毛主席像章，拿着"红宝书"，带着太太，去参加这个大会。

但落实政策大会开过第4天，刘少奇专案组副组长巫中便来燕南园64号要调查一件事。早在1936年，国共谈判，要求结束内战，共同抗日，巫中要调查的是，在和谈中，刘少奇做了什么。有一种谣言说，刘少奇向蒋中正出卖了苏区的情报，便于蒋军歼灭苏区。当年，翦伯赞做地下工作，负责国民政府和刘少奇之间的联络，但他根本不认识刘少奇，一直到1949年他才第一次见到刘少奇。所以翦伯赞说，我能交代什么呢，我那时根本不认识刘少奇。但巫中一次一次来，大概两三天来一次，提审越来越严厉，最后据说是拿枪顶着翦伯赞的下巴说，你交代不交代，不交代我毙了你。

翦伯赞夫妇

1968 年 12 月 18 日，翦伯赞夫妇跟杜铨老人说，我们先睡了，你明天早晨给我们买些油条和豆浆，钱你先垫着，我们明天给你。然后，老两口就在客厅的一个偏房睡下了。12 点的时候，杜铨曾听见他俩起来了，所以他也起来看看，翦伯赞说，天这么冷，你就别起来了，我们饿了，热一点儿牛奶。然后，夫妇俩在屋里喝完牛奶，没动静了。

第二天早晨 8 点钟，屋里还没动静，杜铨把门撞开了，发现两人身体已经凉了。杜铨赶紧去"军宣队"和"工宣队"报告，大家赶来查看，发现翦伯赞夫妇吃了偷偷藏在身上的安眠药，他们掀开两人的被窝，发现他们穿的是崭新的衣服，鞋也穿着，看来他俩是做好了死的准备。

他们在翦伯赞左上衣兜里找到一个纸条，上面写着，"我实在交不出去"，实际是"交代不出来"，可能是即将诀别人世，挺悲伤的，没写对，后面还写着，"走了这条绝路，我走这条绝路，杜师傅完全不知道"。在他右上衣兜里，还有一个纸条，上面写着"毛主席万岁，毛主席万岁，毛主席万万岁"。后来一直有人问，翦伯赞死于政治，临死还要写这么一个字条，到底是为什么，是为了子孙能活下去，给他们留个出路，还是说，我临死也要靠拢党，表达我的忠心。有一个专门研究"文革"史的记者陈徒手，他曾经说过一句话，我挺认同，他说这没有别的原因，这是当年知识分子自杀的一个标准格式，当年，许多人都是这种死法。

翦伯赞死后，"军宣队"和"工宣队"找了一位连级干部，要他把尸体拉到火葬场烧了，把骨灰留下。但这个连长没听命令，尸体烧了之后，骨灰不见了，后来也没找到。1979年，翦伯赞平反了，平反仪式的骨灰盒里只放了3件东西，一是他的老花镜，二是冯玉祥送给他的一支自来水笔，三是他和妻子的合影，里面没有骨灰。

一般人听了翦伯赞的遭遇，第一反应会是，老人家实在太可怜了。但实际上，翦伯赞也做过一些不好的事，有人说这是报应。

翦伯赞是老地下党员，1937年就入党了，但一直是秘密。直到1962年，他才公布党员身份，做了北大副校长。

1949年的时候，他去见毛主席，毛主席给他的任务是，作为接收大军中的一员，负责接收燕京大学。所以翦伯赞去了燕大，名义上他只是社会学系一位教授，但实际上大家管他叫"燕园摄政王"，陆志伟校长也得听他的。大家都认为，他是党外布尔什维克，就是不知道他就是共产党员。1952年，校院大合并，燕京大学取消，北大搬进燕大校园，翦伯赞留做北大教授。在同事们的琐记中，他是一个盛气凌人的教授，不大与一般教师来往。他住进燕东园28号，当时所有住燕东园的教授，全是两位教授共住一栋楼或三位教授共住一栋楼，唯有翦伯赞是独居一栋楼，楼前还搭出了自建房，有他的司机的房子，有他的助手的房子，还有他和学生们讨论学术问题的大玻璃房。那时候，他只是历史系的系主任，但在校院这两级，他依然是一言九鼎。北大的书记是江隆基，校长是马寅初，但实际上，翦伯赞和他俩平起平坐。

当年，北大只有两辆轿车，一辆是马寅初校长的，一辆就是翦伯赞的。这车是谁给他的呢？当年苏联给了中共中央一批车，朱德分到了新车，于是就把旧车给了翦伯赞。当年的燕东园，跟现在不一样，现在已经没有了那条旱河，旱桥也拆掉了，当年的旱桥，桥面最高处，离地有1米高，所以开车上旱桥，看不到桥那边有什么。当年经济系有一位老教授，他的小外孙子在桥那边玩儿，翦先生的车过旱桥下坡，来不及刹车，把小孩儿轧死了。但因为翦伯赞的地位，学校将此事压下来，翦伯赞的司机愧疚在心，后来自杀了。

当年北大哲学系的系主任是张东荪，他特别天真，新中国成立初年的时候，他觉得共产党只想跟苏联好，要跟美国绝交，他

很着急，于是提出中间道路，在苏联和美国中间，平均分配外交关系，不一边倒。毛主席批判了他，说这实际上就是美帝国主义的走狗的思想。张东荪觉得跟中央跟毛主席说不通这事儿，所以决定自己使点劲儿，让美国别放弃中国。他认识一个叫王志奇的人，这人是美国特务，张东荪不知道，有一次王志奇说，美国已经决定要发动第三次世界大战，其中包括攻击中国，张东荪说，你能不能给美国传个话，叫他们别打中国，他们一定会发现中国不会跟美国绝交。张东荪是全国政协委员，他给王志奇拿出一份全国政协委员的名单，上面划了勾的委员全是张东荪的朋友，他的意思是，我有很大的势力，不是空口说白话。后来王志奇被捕，你想想张东荪的下场会是什么样，其实他的初衷是爱国的，但跟他来往的却是一个特务，所以他被定为叛国者。

张东荪是怎么被定成叛国者的呢？在1952年思想改造运动中，别人批判张东荪，基本都是三言两语，应付过去就完了，但翦伯赞是真花了功夫的，他读张东荪的旧著，认真批判。

评价翦伯赞，有一个人说得比较狠，他说翦伯赞的一生，是从得意到失意，从受宠到受辱，从拿棍子打别人，变成被棍子打，从自我膨胀到自杀毁灭。所以，我们有时候单看一个人很倒霉，会觉得他特别可怜，但是如果看到他此前的所作所为，又会发现他也做过很多不该做的事，于是觉得世事复杂，有因有果。

翦伯赞在学术上的确是挺厉害的，中国古代史一些重要的教材，是他编著的。不过，即使是优越的地方，也留下了很多负面名声。1941年的时候，张荫麟写出《中国史纲》，1943年，翦伯赞出版了同名著作第1卷，1946年出了第2卷，按说写同名著作，至少应该在序言里提一下，谁做过类似研究，你和他的异同是什么，但翦伯赞只字不提。翦伯赞的学生后来回忆说，老师说到别的历史学家，骂得狗血喷头，但说自己的著作，总是神采飞扬。这是翦伯赞的一个缺陷，所以他压根不提张荫麟写过《中国史纲》，不仅不提，他还在第2卷序言中说，从先秦到他之前，没有一本完整体系的中国历史书，他虽然没直说我这是第一本，但他的意思很明显，他根本没把张荫麟放在眼里。

所以说，一个伟大人物身上也会有缺点，甚至是比较严重的缺点，一方面他特别棒，一方面又有些可恨。

我的研究生们说，学霸有理由有自己的小性格，但这些小性格在当年的跌宕起伏的社会里，特别危险，相比当年，现在的学术环境好多了，至少不会因为观点不同而把你整死，顶多顶多是把你打入"冷宫"。

朱光潜：学术界的傅作义

  北大燕南园 66 号，是吴文藻和冰心的故居，他们从 1929 年住到 1937 年，住了 8 年时间。

  燕南园 66 号的另一位主人，是美学大师朱光潜教授。

  朱光潜最开始不住在燕南园，他住在燕南园西侧的佟府。佟

府后来拆了，建成现在的北大国际关系学院。1956年，朱光潜搬到燕东园27号，跟住在燕东园28号的翦伯赞是邻居。从70年代末到1986年去世，朱光潜住在燕南园66号。

北大外语学院，当年有个学生叫柳鸣九，后来是法国文学研究专家，柳鸣九评价朱光潜时说过一句话，说"朱光潜是学术界的傅作义"。傅作义在1949年哗变，把北京城交给了解放军，颠覆此前国民革命军的身份，变成新政权的一位人物。柳鸣九说朱先生是学术界的傅作义，因为他在建政后，主动向共产党靠近，颠覆了自己过去的学术研究。这有一个好处，1949年留在大陆的知识分子，受政治环境的影响，学术止步不前，几乎所有学术代表作都是在1949年以前取得的，但朱光潜是例外，他在1963年出了一套书，叫《西方美学史》，尽管这套书有明显的新意识形态，但它毕竟写的是西方美学，上下两卷，很不容易。70年代末的时候，他还翻译了黑格尔的《美学》，110万字。临终之前，他又翻译了意大利维柯的《新科学》。也就是说，他在建政后，还能作出非常棒的学术研究，这很了不起。

朱先生是当之无愧的学霸，他有双博士学位。他的本科时代，在香港大学，拿到了文学学士学位。后来他官费到英国留学，在爱丁堡大学读了文学硕士。之后转到伦敦大学，同时在法国巴黎大学攻读博士学位，得到了法国国家博士。巴黎大学毕业后，他转到德语地区的斯特拉斯堡大学，又读了个博士，等于是双博士。

现代中国第一代美学宗师是王国维，朱光潜是第二代，他在

25 岁的时候写了一篇文章，叫《无言的美》，这是他第一次触及美学。他在斯特拉斯堡大学的时候，开始喜欢黑格尔，在朱光潜看来，西方美学中有两个人最有价值，一个是亚里士多德和他的《诗学》，一个是黑格尔和他的《美学》，其他都不重要，所以他在斯特拉斯堡大学的时候做了两件事，一是撰写《悲剧心理学》，一是在 1929 年出版《黑格尔哲学的基本原理》，到 70 年代末的时候，他把黑格尔的《美学》翻译了出来。总之，朱光潜既写美学著作，也翻译西方美学著作，是中国美学的第二代宗师。

1933 年，朱光潜回到中国，胡适介绍他来到了北大外语学院。

胡适请朱光潜进北大，有他的一个想法。徐志摩 1931 年飞机失事罹难，京派便没落了，胡适想把京派振作起来。京派是一帮旧知识分子，所谓旧知识分子，也可能是反对新文化运动的知识分子，也可能是新文化运动的先锋，他们针对的是海派，海派是上海左联，是一群革命作家。朱光潜被胡适请来，创刊《文艺》杂志，他是主编，林徽因、周作人、俞平伯都为这个杂志写稿。朱光潜做主编有一个特色，无论你是哪一派，我都给你提供一个平台，你是左派你是右派，我不管，只要你写得好，我就给你发稿，所以他是一位很优秀的主编。

1937 年，卢沟桥事变，朱光潜没去西南联大，去了四川大学，四川大学代理校长张颐，聘他做文学院院长。

那时候，国民党想推行党化教育，派一个叫程天放的人来川大当校长，想把张颐替掉。四川大学的老师们不同意，拒绝国民党的

党化教育，朱光潜是带头人，他带着一帮教授罢课。后来由于政府强烈干预，双方做了妥协，同意程天放来当校长，但他不许管川大的人事，不能开除任何一位教授，也不能引进任何一位教授。

这场抵制运动，实际有共产党的运作背景，共产党发现，朱光潜这个人可以培养，就希望他来延安参观。但就在他决定去延安的时候，国民党也来争取他，主管教育的陈立夫特地接见他，说你不要去那边，在这边挺好的，陈立夫还动员像陈西滢这样的文人，劝说朱光潜，说你也别在川大了，你去武汉大学吧。

武汉大学也撤到了西南，朱光潜真就去了武汉大学。

当时，武汉大学有两派老师不合，一派是安徽派，一派是湖南派，两派掐得够呛。朱光潜是安徽桐城人，但他跟湖南派关系不错，所以他到武汉大学当文学院院长，等于是在两派之间做了一个平衡。

现在传说那时候，凡是在一个大学里挂"长"字的，校长、教务长、院长，必须加入国民党。我查了一下，没这规定，当时很多院长都不是国民党。一定是朱先生当年因为国民党跟他比较亲近，阻止他去共产党那边儿，他便靠向了国民党，后来做结论的时候，为了维护他，杜撰了个理由，说所有挂"长"字的人，都被迫加入国民党。朱光潜不仅加入了国民党，而且在国民党中有比较高的位置，是国民党中央监察委员会的委员，而且是三青团中委。他还经常在国民党党刊《中央周刊》上写文章。所以在建政之后，他的这段历史，成了很大的问题。

1948 年年底，很多大学者面临着一个重大选择，是跟蒋中正去台湾，还是留在大陆，或是去其他国家，这个重大选择基本上决定了他们后半生的命运。当时，国民党要争取一批教授到台湾，列了一个名单，胡适排在第一，朱光潜排在第三，但朱光潜选择留在了大陆。

朱光潜没有走，后来我们说了好多原因，国民党腐败，地下党做工作，等等，但是朱光潜的女儿朱世乐说，她爸爸没走，一个非常重要的原因，是因为她重病在身。当时，朱世乐5岁，得了特别严重的病，叫骨结核，全身打了石膏，不能动，而且每个星期要打一针链霉素，链霉素多贵呢，相当于1袋面粉，别小看这1袋面粉，当年朱自清不接受美援，就是2袋面粉，因为面粉特别珍贵。别人说，你得这样的病，也就是活在朱光潜家里，有钱，每个星期花1袋面粉钱，打1针链霉素，要是在别人家，早死了。医生告诉朱光潜，孩子经不起颠簸。如果坐小飞机去台湾，一定很颠簸，所以朱光潜因为女儿，便留了下来。

1952年以前，北大在城里，那里有个广场，叫民主广场，当年学生搞运动，经常在那儿发起，后来就命名为"民主广场"，民主广场经常放露天电影，但露天电影也要电影票，朱世乐发现，别的小朋友爸爸妈妈都给他们要了电影票，她却没有，她有一次感叹，你们今天又看电影，我爸爸没给我要电影票，其他孩子笑了，说你爸爸还给你找电影票呢，你爸爸正在4个桌子上站着呢，朱世乐没明白，"在4个桌子上站着"是什么意思，直到"文化大革命"，朱世乐在北大生物楼后面看到造反派批斗陆平校长，让陆平校长站在桌子上，大夏天的，在太阳下烤着，桌子上是他

流下的汗，她这才突然想起，1950 年的时候，小朋友跟她说"你爸爸在 4 个桌子上站着"是什么意思。

因为跟国民党的关系，朱光潜在思想改造运动之前，已经开始遭受批判。到了 1956 年，周扬、邓拓、胡乔木暗示他，写一篇文章，彻底地检讨，在《文艺报》上发表，这就是柳鸣九说他是学术界的傅作义那篇文章，题目叫《我的文艺思想的反动性》，两万字，说我当年的思想不知道毒害了多少青年人，我当年那些思想是鄙视人民的，是抬高自己的，而且我那些观点，充满了颓废主义，是唯心的，所以我要痛改前非。

因为写了这篇文章，赢得了共产党对他的重新认识，1957 年，他的一级教授身份被恢复，还当了全国政协委员，加入了民盟。在这样的情况下，1957 年反右，他竟然过关了。

但是，到了"文革"，他还是倒霉了，而且算是老教授中相当倒霉的。最倒霉的那些人，肯定是自杀了，他是仅次于他们，被打得特别惨。朱世乐曾看到她爸爸被"造反派"弄到桌子上，再把他从桌子上端下去，他一个小老头，身高能有 1 米 5 就不错了，再加上驼背，是特别小的小老头，被人从桌子上端下来，那得多惨，而且他那时候岁数不小了，被折腾得够呛。

朱光潜家和翦伯赞家住邻居，翦伯赞原来特别高傲，因为他是老地下党，燕园摄政王，他看不起其他教授，所以别看朱家和翦家住邻居，两家没什么来往，翦伯赞根本不理朱光潜。到了"文化大革命"的时候，他俩成了难兄难弟，造反派抄完翦家，一定会捎带手把朱家抄了，抄完朱家，也会捎带手把翦家抄一遍。那个时候，不能关门，关门就是对抗革命，必须开着门，随时准备让人来抄家。抄他们家的人，从七八岁的孩子，到街道老太太，全有。小孩来了就说，朱光潜你站起来，你说你是怎么反党的。老太太来，见什么拿什么。他家很快住进一帮不认识的人，凭什么你住这么大房子，我们劳动人民也要住这儿。住进来的这些人，也号称是抄家，把朱家的东西拿到自己房间。

朱光潜被关过牛棚，睡在水泥地上，批斗的时候在北大东操场，然后让他扫厕所，等"文化大革命"结束的时候，他的身体已经垮了，垮到走路都很困难。

为了锻炼身体，朱光潜进行两种运动，一是跑步，一是太极拳。他跑步我见过，说是跑，其实比咱们走还要慢，他的上身有意识要往前跑，腿却跟不上，他经常在燕南园北边的坡下跑步，好多人都见过，都觉得挺滑稽。别人打太极拳，都是有招数的，他打太极拳叫"自由式"，想怎么打就怎么打，姿势挺难看。他生生地用这两种运动把身体练得稍微好一点了，但是到了1984年的时候，他的身体又不行了，脑血栓，开始坐轮椅。俞敏洪2008年回北大有个讲话，曾经提到他们快毕业的时候，觉得特别神圣的一件事，是推着坐在轮椅里的朱先生，在校园里游走。

朱先生家，楼下是吃饭的地方，楼上是他进行学术研究的地方，他只有吃饭的时候才从楼上下来，平常就待在书房里翻译维柯的《新科学》。但是后来，他的身体很差，家人不让他上楼。在他去世前三天，他背着家人，沿着楼梯往上爬，家人发现后，把他拦住，问他要干吗，他说《新科学》就差一点注释没有校对完，书其实早就翻译好了，但是是让别人誊写的，他要再看一看。

关于朱先生去世，是一件挺可气的事儿，北大把这件事儿给压下来了，所以没几个人知道。朱光潜犯病后，家人马上到北大车队去要车，车队说没车。其实就是因为"文革"刚过，像朱先生这样的人，仍然没有很高的地位，北大不像后来关心季羡林那样关心朱光潜那些人。既然没车，只好去校医院，所以朱家人就跑到校医院，校医院说给你们一副担架吧，但是担架要押金，朱家人只好回去取钱，把押金付了，拿担架把朱先生抬到校医院，可校医院的人全吃饭去了，于是朱先生的大女儿就让丈夫再去车队要车，车队还是说没有，正说着没车，有一辆车从外边回来了，朱家人把这辆车拦住，把老先生送到了友谊医院。但是友谊医院说，送来的时间太晚了，已经来不及抢救了，所以下午朱光潜就去世了。完全可以说，朱先生的死，实际是被耽误了。后来朱世乐的姐姐买了自己的车，朱夫人曾感叹说，你要是早买这辆车，你爸爸还能多活几年。

朱光潜活了88岁，1986年去世后，还出了一本书，挺了不起的。

在建政后，朱先生的学术都是以马克思主义为指导思想，而此前他的美学研究，精神是第一位的，秉承亚里士多德和黑格尔的思想，认为我们心中藏着一种美的标准，这种美的标准可能是上帝赋予的，也可能是绝对精神，每当在外界看见一个东西，我们自己有一个标准，来判辨这东西是美还是不美，但马克思主义的唯物主义美学不是这样，它认为美是一种客观存在，它本身是美的，被第二性的精神发现以后，我们便承认它是美的，两种美学观有很大区别，朱先生原来是唯心主义美学家，但后来他变成了唯物主义美学家。

1956 年，朱光潜写了两万字检讨以后，形成了长达 6 年的美学大讨论，到 60 年代初才结束，这里面分了四派，一派是主观第一，一派是客观第一，朱光潜是主客观统一派，还有一派是李泽厚。

朱光潜在花甲之年，写文章完全推翻了自己的过去，那时他还要学俄语，要看列宁的原著，所以他去俄语系注册了听课证，像学生一样参加考试，得了 5 分。他的语言能力很强，他是安徽桐城人，口音非常重，很难听懂他说的是什么，我认为他的中国话都没说好，但他在英国留学所以英语特别好，在法国读博士所以法语特别好，后来在德语区生活过几年所以德语也特别好，花甲之年又学了俄语。"文革"的时候，不让他干任何教学和研究工作，但他仍然随身带着卡片，还在研究马克思和列宁的著作，他的女儿问他，你现在弄它还有什么用，他说我发现在马列专著的翻译中有很多错误，这会影响我们对马列主义真正的认知，纠正这些错误，总有一天会有用的。

朱光潜一辈子非常敬业，学术已经变成他的精神、灵魂、血肉，一般人看不到这些东西还有什么用的时候，他却坚信未来，因为他坚信未来，所以他终于活到了改革开放，而且他不像其他老先生那样，只是颐养天年，他仍然著书立说，取得了成就。

男神陈岱孙：您为什么不结婚

　　我们这一代幸运的是，还能见到大师的晚年，比如男神级教授陈岱孙先生。我 1983 年考入北大，陈先生 1984 年还是经济系主任，所以我有幸见过住在燕南园 55 号的他。如今，虽然 55 号立着陈先生的雕像，但这里成了李政道的家，外人不能随意进

陈岱孙

了，而我上大学的时候，这里完全是进出自由的。

我的学生们现在已不大知道陈岱孙先生，但看到他在网上的照片，依然称赞他有男神级长相。虽然他的嘴稍微有点儿歪，有一点儿地包天，但显得特别刚强。他身材高大，而且，板直板直的。我最喜欢陈先生的一张照片，是他在台阶上，穿着马靴和休闲西装，人显得很干净。

北大堪称大师的经济学家有两个，一个是马寅初校长，一个是陈岱孙教授。同样是第一代经济学大师，他们有好多共同点，都是少年时智力水平特别高，都是拿到了公费留学资格，都是在美国读了博士才回国效力，都在名牌大学任教，而且兼有比较高的行政职位，马寅初先是北大总教务长，后来是北大校长，陈岱孙在清华的时候就是经济系主任和法学院院长，1952 年校院大合并，第二年他来到了北大，做经济系主任，一直做到 1984 年。他俩的差异也很大。马寅初校长特别张扬，陈岱孙先生非常内敛。马校长什么话都敢说，陈岱孙不苟言笑，沉默寡言，话特别少，但一字千金。马寅初校长社会活动特别多，作为一个经济学家，他一两年之内有好几百场演讲，演讲对象是工商界人士，陈岱孙先生一辈子老老实实做教师，只给全职学生讲课，从不对企业家演讲。马寅初动笔能力也极强，碰到什么事儿，马上从经济学角度写文章，见诸报端，所以《马寅初全集》有十卷之多。陈岱孙是清华学派，清华学派的特点是，课讲得特别好，但著述特别少，所以陈岱孙终生只有一部专著。马寅初世俗名声很大，因为《新人口论》引起很大关注，陈岱孙一辈子相对平稳，没有跌宕起伏的人生，所以普通人多不知道他。两位还有一个很大差异，马寅初校长一夫多妻，有两个太太，7个子女，陈岱孙先生一辈子未婚，一直独身生活。

陈岱孙先生各方面条件这么好，为什么不结婚？北大新闻与传播学院退休教授许渊冲先生在《这一代人的爱情》中说，西南联大有四位独身教授，第一个是外文系的吴宓，第二个是物理系的叶企孙，第三个就是经济系的陈岱孙，第四个是生物系的李继侗。这4位单身汉，各有各的独身原因，许渊冲认为，陈岱孙单身，是因为他跟周培源先生共同看上了王蒂澂，王蒂澂嫁给了周培源，于是陈岱孙就保持了一生的未婚状态。其实并非如此。当年在"文革"中，对立派贴大字报批周培源副校长，揭发他和太太还有陈岱孙搞三角恋爱，说陈岱孙喜欢周培源的太太，求之不得，干脆不结婚。这是一个谣言，陈先生的外甥女唐斯复，看到大字报后回家问陈岱孙，周培源的女儿也同样回家问父母，这些揭发材料是不是真的，陈岱孙和周培源全都矢口否认，说那纯粹是瞎说，根本没有这回事儿。

陈岱孙和周培源私交很好，两人在燕南园住过的房子紧挨着，陈岱孙先生住燕南园 55 号，周培源先生住燕南园 56 号，但两人并不是同时住在这里，周培源先生 1981 年辞去北大校长，便从 56 号搬走了，陈岱孙先生原来住镜春园，1989 年才搬过来，所以当年周培源住在这儿时，陈岱孙还没过来。

所以说，当年贴大字报造的一个谣，后来竟变成燕园佳话，而且广泛流传。唐师曾说，他跟陈岱孙先生很熟，一直想问老先生这事儿是不是真的但始终没敢问。后来《东方之子》采访陈岱孙先生，曾问起这事儿，陈岱孙说就两点，第一我没时间，第二这种事情怎么也得两情相悦，我没碰到合适的人。

唐斯复回忆说，陈岱孙是家中独子，那个年代的独子，如果不能传承后代，特别是不能生下儿子，会有很大压力，所以陈岱孙那么大没结婚，家里都很着急，曾经安排他去相亲过几次，唐斯复还跟着舅舅一起去过中山公园来今雨轩，见过一个女人，戴着金丝眼镜，头发是波浪的，女方挺中意陈先生，但陈先生好像没看中这女人，最后不了了之了，最后岁数再大一点，就算了，一辈子没结婚。

陈先生不结婚，跟他自理能力特别强也有关系，他无论年轻的时候还是年老后，自己总能把家里收拾得特别好，用不着有一个家庭主妇为他打点。

陈岱孙很随和，和谁都能相处。当年，清华从北京撤往西南联大，一路上非常艰苦，经常两个教授住一起。陈岱孙有一段时间住在演话剧歌剧的包厢里，后来住进一家旅馆，跟朱自清同住一个屋。历史不会记载教授之间的小纠纷，但你如果见到过当事人，他就会向你传播很多小小的纠纷。当年好多西南联大教授因为住在一起，都闹得关系特别不愉快。但陈岱孙和朱自清处得很好，陈岱孙还写了一副对联，上联是"小住为佳，得小住且小住"，有点像"且行且珍惜"，下联是"如何是好，愿如何便如何"。

因为心态平和，陈岱孙一生比较平稳，即使在"文革"中，他也没受到剧烈冲击，这在今天看来，简直是一个奇迹。他的祖父和伯祖父，一个叫陈宝璐，一个叫陈宝琛，这两个人都是进士，陈宝琛不仅是进士，而且是帝师，是溥仪的老师，这是他的父辈。他母系这边，是清朝外交官出身，所以陈先生特别小的时候英语就特别好。按说，他的家族，属于大官僚阶级，这样的家庭背景，在"文革"中最容易受到冲击。同时，他又是经济学权威，在美国学的西方经济，应该算"反动资产阶级学术权威"。结果他反倒没事儿，"工宣队"和"军宣队"都尊称他为"陈先生"，真挺离奇的。这可能跟他性格比较内敛有关，平时没得罪什么人，也没有特别出格的讲话和文章。

"文革"对陈先生来说特别难应付的是学农学工劳动，当年他差点被下放到江西鄱阳湖旁边的鲤鱼洲。那里是专为北大清华建的"五七干校"，在那儿劳动非常惨，条件非常非常艰苦，很多知识分子死在了鲤鱼洲。当年确定陈岱孙去鲤鱼洲的时候，他已经 70 岁了，所以做好了回不来的准备。但在临行之前，他突然接到通知，说不用去了，他被安排在北京丰台的庞各庄收麦子。不过，让一位 70 岁的老人当农民，割麦子，也挺成问题的，特别是他个子很高，弯腰割一会儿麦子，腰就不行了。但他挺过来了，学农结束后，他马上又去工厂学工，直到 70 年代初，他才回到北大。他的"文革"，就是这样度过的，跟其他一些教授比起来，算是很幸运的。

在燕南园这些大师当中，陈岱孙先生属于讲课特别好的，他讲课有这么几个特点：

第一是时间概念精确。他每次讲课，总是提前两分钟站在黑板前，两分钟之后开始讲课，到他讲最后一个字儿的时候正好下课，每次如此，如果他讲完了没打铃或是打铃了他还没讲完，那一定是铃打错了。他的时间概念特别准，在平时的生活作息上也是如此。他每天 6 点半起床，7 点半早餐，8 点的时候，整个屋里包括佣人的声音都会变小，因为他要开始读书了，中午有一个休息，晚饭 6 点半，7 点开始看报纸，10 点各自回房间睡觉，每天都这样。他去世是 1997 年，去世那天早晨他已经昏迷，但 6 点半的时候还是醒了，他要求看钟，看到是 6 点半，他点点头，过了不久，他又昏迷了，最后去世，享年 97 岁。

第二是听课者记下笔记就等于得到了一部专著。只要手头勤快一点，把一次课的笔记记齐，那就是一部专著中的一个章节。不过，陈岱孙却一直没出书，清华就是这样一个传统，所以陈寅恪、金岳霖、钱端升他们的著作都特别少，大量的精力放在讲义和课堂上了，跟我们北大不一样，我们北大像马寅初校长，著作是一本接着一本写，文章是一篇接着一篇发。

第三是他的课带有美国实用主义的特点。他讲《财政学》，年终论文是《假如我是财政部长》，非常讲究实际。

　　第四是陈岱孙决不用英语讲课。他最痛恨用英文讲课或中英文夹杂着讲课，他认为这是殖民地心态，没有摆脱对西方的崇拜。陈岱孙从小英语好，又是从美国留学回来的，用英语讲课完全没问题，但他完全用中文讲课。当时，在清华用中文讲课的，只有陈达教授和陈岱孙教授，这在清华非常少见。清华用英文讲课是一种风气，因为清华是庚子赔款多赔的余额退回来之后建的留美预备学校，许多老师是美国老师，中国老师也是英语特别好，学生又要去美国留学，所以用英文讲课也是为了让他们在留学之前有些英语训练。但陈先生认为这样不好，因为你是中国人。他是一个民族主义者。

　　当年，清华高等科淘汰了在校学生，在上海招插班生，陈岱孙便考上了清华插班生。考试之后，他到黄浦江去游玩，曾经路过黄浦公园。黄浦公园最著名的是，我们一直传说的"华人与狗不许进"那块牌子，据说陈岱孙也看到那块牌子，他热血沸腾，觉得这是一种羞辱，觉得中华民族不受重视，形成了一辈子的阴影。我对这种说法非常好奇，因为经考证，根本就不存在"华人与狗不准进"这回事。黄浦公园的条例有 4 个版本，第 1 个是1894 年，1903 年修改了一版，1913 年又修改一次，1917 年是第 4 版，陈岱孙是 1918 年考取清华插班生，看到的应该是 1917 年这一版。这个条例从第一版时就有个规定，"华人不能入内"，但是从第 3版开始，口气变得客气了一点，变成"本公园只对外国人开放"，不是说你不能进，而是说我只对谁开放的，在第 4 版当中，第 1条仍然说"本公园只对外国人开放"，第 4 条说，"狗和自行车不能入内"，但从来没有过"华人与狗不能进"这一条，也就是说，"华人"和"狗"就从来没并列在一起过。可我不知道为什么许多老先生在回忆中，都说见过这句话，由此产生了民族激情，真是很奇怪。陈先生也说他年轻时的民族义气，是因为看到过这个牌子，深感中华民族的屈辱。我觉得如果陈先生这么说，"在中国的领土上，我不管你是不是租界，有一个公园只对外国人开放，不让我中国人进，这让我很生气"，我可以理解，但说他看见过华人和狗并列在一起不许进，于是很生气，我无法相信。

陈先生讲课的第五个特点是上课从不喝水。每次上课之前，他会喝足了茶，然后就再不喝水，直到把一天的课讲完，他说我是属骆驼的。

我有两点非常像他。第一是我也不大爱写专著和文章，我在北大教书 10 年了，一直没心思把讲义整理成书，陈先生有好多讲义，别人一直催着他出书，他老觉得讲义不够好，每次讲课还要修改，我也是，每次我都觉得这学期还讲这课，但上学期的讲义不行了，得改，所以迟迟不愿出书。第二是我也讲课不喝水，而且我提前不用喝足茶，也是属骆驼的，只是最近岁数大了一点，得带着水了，以前跟他一样。

虽然陈岱孙先生在"文革"中没受到剧烈冲击，但受大环境影响，他的学术思想也受到了极大影响。他在美国读的是西方经济学，到清华讲的也是西方经济学，可到了 1953 年，他要用马列主义思想写《经济学说》讲义，60 年代编《经济学说》教材时，他参与了编写，也是用马列主义思想作为指导，70 年代写

《经济学说》专题提纲，也是贯穿着马列主义思想，到了 1981 年"四人帮"已经倒了许多年，他本可以适当恢复一些原来属于自己的独立思想，但他可能是时间浸染长了，觉得西方经济学说确实不行，马列主义经济学说是有道理的，所以他在 1981 年写了一篇文章，特别说到，我们国家的社会体制，跟西方社会体制差得很远，所以西方体制下的经济学说并不适用于我们，我们要警惕它，它可能会给我们添很多麻烦。1995 年，陈先生 95 岁，在丁冰老师写的一本书的序言中，他措词更激烈，说我们现在面临着两种危险，第一种危险是西方经济学说对中国青年和青年知识分子的毒害，第二种危险是它可能对我们中国的社会体制以及我们的改革开放形成误导。也就是说，他的后半生，全盘否定了自己年轻时代在美国学习过的西方经济学说。

陈岱孙 95 岁的时候，北大给他开了 95 岁寿辰的庆典，他的所有门徒都来给他献花。他的生日是闰八月二十七号，和孔丘同天生日，19 年才能出现一次。所以 95 岁生日的时候，陈岱孙说，我 6 岁。其实他 95 岁，19 年过一次生日，应该是 5 岁，但算上 1 个虚岁，等于是 6 岁生日。

学生们问我，陈先生对北大有没有感情？可以这么说，凡是 1952 年校院大合并来到北大的清华教授，实际上他们的感情寄托全在清华，他们壮年的时候在那里，学术上最自由的时候在那里，甚至那时钱都挣得多。他来北大以后，是新中国，工资变低了。陈先生建政前是清华法学院院长，30 年代工资是 400 块大洋，相当于现在的 5 万月薪，但是他来到北大，1995 年的时候工资只有 860 块人民币，这差距多大呀！当年，陈岱孙先生可以救济很多人，在"文革"中，有一个人是陈先生 30 年代的学生，他先是被划为右派，"文革"中又被批判，得了精神病，家里上有老下有小，根本没法儿活，他来找陈先生，陈先生不记得他了，但觉得他可怜，所以每个月给他拿出 5 块钱寄给他，当年 5 块钱可以养活一家人，而且不是只给他一两个月，是一下子就给了 8 年。但到 90 年代，陈先生的生活不行了，得靠他的学生来救济，这反差多大呀！所以他们这些人的心思，特别是到了晚年弥留之际，满脑子都是清华。杨振宁的爸爸杨武之，是清华数学系主任，大数学家，他死的时候说，我仿佛回到了清华。陈岱孙先生弥留之际常说两件事，一件事是说威斯康星大学当年奖给他的那把小金钥匙，"文革"中被造反派抄走了，现在究竟在谁手里，第二件事便是清华，他人生中最后一句话是，"这里是清华"。

陈岱孙对清华的贡献特别大，他从美国一回来，27 岁就做了清华经济系教授，28 岁做了清华经济系主任，29 岁做清华法学院院长兼经济系主任，日本人打进北京之前，梅贻琦校长委托他先去长沙临时大学，接清华过去，他开完校务会，连家都没回，穿着一件夏天的长袍就去了长沙，特别可悲的是，他前脚走，海淀农民接着就抢了他家，后来我们传说是日本人把他家抢了，他当年原有几部手稿，还有一些欧洲的财政税收资料，都被毁了，西南联大结束后，他又受梅贻琦校长委托，回来收复学校，贡献非常大。

侯仁之：民族记忆的守卫者

　　北大燕南园61号，是侯仁之教授的家，他1950年搬到这里，直到2013年去世，前后住了63年。

　　普通人如果听说过侯先生，一般不是因为他的学问，而是因为他对北京城的古迹恢复起了很大作用。

　　1985年，侯先生呼吁抢救卢沟桥，使卢沟桥旁边建了一个辅桥，所有过往车辆，特别是机动车，必须走辅桥，古老的卢沟桥得到了保护，只供参观游览。1985年我上大二，骑车去房

卢沟桥

山，曾经过卢沟桥，当时卢沟桥还可以骑车通过，现在不行了。而今，卢沟桥圈成了公园，桥下的永定河上下围堵，形成一片湖水，完全是一个参观景点。

1993 年，北京建西客站，原来的选址是现在西客站西南方向的莲花池。为什么选在那里，因为莲花池当年已经没水，选在那个地方，地基不用挖了，可以节省许多成本。但是侯先生认为，北京建城之时，莲花池是北京居民的天然水源，而且是先有莲花池后有北京城，没有莲花池就没有北京城，而城市是有记忆的，这些记忆就涵盖在所有建筑和水系当中，不能把它毁掉，所以他频频上书，反对西客站建在莲花池。因为他的呼吁，西客站向东北方向移了 400 米，而且不光移了 400 米，如果你去西客站

从莲花池公园远看北京西站

实地看看，就会发现它并不对称，它的西侧比东侧短了 100 米。中国建筑都讲究对称，为什么西客站不对称？因为西侧如果跟东侧一样长，会影响莲花池。

1998 年，在侯先生呼吁下，什刹海后门桥恢复了周边景观。北京有南海、中海、北海、什刹海、后海，中海南海合到一起，是中共中央办公基地和居住基地，北海再往北，是什刹海，然后是后海。什刹海东侧有一个古石桥，叫"后门桥"，在老北京人那里，地安门针对于前门，也叫"后门"，什刹海这个古桥在地安门北部，所以叫"后门桥"。后门桥是个明显的坡起，我们小时候坐大车去春游，一到下坡时大家就会欢呼。那时候看桥的两侧是土，但我们知道原来桥下是河，后来被填上了。在侯先生的

后门桥

119

学术记忆中，元朝建京城时，其中轴线是从后门桥展开的，后门桥也是元朝漕运的起点，所以这地方非常重要，侯先生便呼吁恢复了后门桥周边景致。所以现在你如果再去后门桥，会发现它已经从旱桥又变成了水桥，桥西是什刹海，桥东恢复了一段水道，只是水道已经没法恢复成古代的样子，走一段就断了。

在侯先生的历史地理记录中，老北京是充满水的，想想看，现在北京的公共汽车站，叫什么什么河的有很多——六里河、三里河、八里河、十里河、清河、沙河、北安河——现在多数的河不见了，再想想看，北京的公交站或地名中，有多少叫什么什么桥的——六里桥、八里桥、虎坊桥、红桥、北新桥——什么叫桥，有水才有桥，原来北河沿大街是一条河，因为在北大红楼旁边，所以叫北大河，那上面有一个骑河楼，它是一个廊桥，仿佛骑在河上，现在骑河楼只是一个地方，北大河和那座廊桥都不在了，而我们北大所在的海淀，当年是江南水乡的样子。在侯先生看来，是因为人为使用不当，北京才变成现在这个样子，原来充满水的地方，现在没有了。

2000 年，美术馆后街 22 号拆掉，那是赵紫宸教授的家。赵紫宸是燕京大学宗教学院院长，是现代中国的基督教领袖。他的家是两进明朝院落，只是为了建起一座视觉上毫无感情的现代楼，非要把这个院子拆了。赵先生的长子，把官司打到了北京第二中级法院，不仅要保护文物，而且要保护自己家的私产，但官司输了，二中院判决这里必须拆除，赵家必须五天之内搬走，否则强制执行。这件事当时闹得特别大，很多名流为了保护这座老

美术馆后街22号

宅，曾四处奔走，但最终还是拆掉了，建成现在这样一个丑陋的新楼。

从那年开始，对侯先生来说，悲伤的事情频频发生。

1990年到2000年，10年时间，北京拆掉的所谓危旧房，一共是200万平方米。但是2000年至2002年，仅仅两年，北京拆掉的旧房是此前10年的2倍，一共拆了400万平方米。

侯先生非常痛心，他认为城市是有记忆的，我们在破坏记忆。

2004年，永定门复建，而在50年前，也就是1954年，真正的永定门被拆掉了。当年，侯先生曾跟梁思成一起，反对拆古城。在建政初年，梁思成请侯仁之在清华兼课，讲《市镇地理》。

后来他俩一起呼吁，把北京旧城和新城分开，就像巴黎有它的古城，拉德方斯是它的新区，北京可以长安街为线，东边是旧城，保护起来，西边建新区，但这个建议没被政府采纳，不但古城墙要拆掉，城门和城里的建筑也拆了很多。那时候梁思成跟彭真市长说，我保证你们50年之后就会后悔，那时候你们就会知道，我是对的，你们是错的。林徽因当时已经是生命的晚期了，嗓子也嘶哑了，她跟吴晗说，现在你拆掉的是800年的老古董，将来你们一定会重建起来，那将是一个不值钱的假古董。果然，1954年拆掉的永定门，到2004年整整50年，又重新建了起来，但是重建的这东西，是一个赝品，而且跟当年的永定门不完全一样。

当年的永定门城楼，两侧向前伸展，围成一个瓮城，前面是箭楼，箭楼前是弯曲的护城河。当年的中国人，不知是怎么想的，第一要拆掉城楼、瓮城、箭楼、城墙，第二要把护城河取直。所以现在的护城河是原来箭楼的位置，现在修复的永定门，只是孤零零的一个城门楼，箭楼和瓮城没能复原。永定门上唯一的真品，是那块失而复得的牌匾。

侯先生学的是历史地理，我原来以为它属于历史系，后来认识了复旦大学的葛剑雄教授，他的老师叫谭其骧，历史地理两大家，一南一北，北边是侯仁之，南边是谭其骧，我认识了葛老师才知道，历史地理属于地理系。也就是说，如果是历史上的地理，那就属于历史系，偏重于地理的沿革，比如行政区划的变化；如果是地理上的历史，那就属于地理系，强调的是地理在人为作用下怎样变化。侯谭这两大家，共同点是他们全是历史系出身，

122

不一样的是，谭其骧一辈子在历史系，他的史学基础非常扎实，可是他的历史地理有些问题，侯仁之40年代末曾去英国留学，专门攻读了历史地理，所以在历史地理这个学科，侯先生更正宗。

侯先生原想学医，那个年代，很多人为了救苦救世，都曾想过学医。侯先生是河北人，1931年来到北京，住在通州，九一八事变后，他的心情特别沮丧，有一天他从通州往城里走，路上买了一本杂志，是叶圣陶主编的《中学生》，其中有一篇顾颉刚写的文章，顾颉刚是燕大历史系主任，他号召青年学生主动下乡，接触社会，向大家宣传抗日救亡。侯先生看了特别感动，决定不学医，改学历史，而且要投奔顾颉刚门下。1932年，侯先生考上燕大历史系，如愿以偿地做了顾颉刚的学生。第二年，顾颉刚开了一门实地考察文物的课，对侯先生起了特别重要的作用。

侯先生说，他在北京读书，等于是读了两个大学，一个是燕京大学，一个是圆明园大学。在燕大读书是六日制，一个星期六天，在圆明园大学学习是一日制，就一个星期天。当年燕大和清华是贵族学校，侯先生不是富家子弟，周末没钱去社交和游玩，只能去圆明园废墟闲逛，于是想了许多问题，比如，海淀这一片江南水乡，它是怎么形成的，为什么雍正要选择在这个地方建圆明园，圆明园这些水道和湖是怎么个关系，水是从哪儿流过来的，溪源在哪里。他会沿着小溪去上游找水源，走到樱桃沟，走到西山，要弄清河湖聚落的关系，由此产生了兴趣，开始偏向历史地理的研究。之后，他又开始研究北京西南部，就是金朝少数民族在莲花池附近建立的都城，开始关心那里的水源，乃至研究整个北京地区的历史地理变化。

1937年，日本人占了北京，顾颉刚一直是公开鼓动抗日的教授，所以必须逃跑。在逃跑之前，他把侯先生委托给另一个教授，也就是住在燕南园54号的洪业教授，于是侯先生做了洪业教授的研究生。洪教授对侯先生说，你投名校，不如投名师，我介绍你去英国利物浦大学，那儿有一位特别著名的老师，你去跟他学。不过，等到抗战胜利后侯仁之到了英国，洪业老师介绍的老师已经退休，侯先生只好跟另外一位英国人学习历史地理，他的博士毕业论文是《北京的历史地理》。

那时候侯先生发现，我们中国的历史地理跟西方人的不一样，我们中国的历史地理，实际是历史的一个分科，而西方的历史地理是地理的一个分科。所以侯先生在建政后回国，马上就写了一篇文章，把沿革地理和历史地理做了区分。我们中国人说的历史地理，其实是沿革地理，应该属于历史系，也就是一个地方，它的行政区划是怎么演变的，原来南京叫秣陵，或者叫金陵，后来是首都，然后又变成普通的省会，地理上的这些变化，都属于历史，而环境的变化，才是真正的历史地理。

侯先生回燕大当老师，建起了中国第一个历史地理专业，所以1950年，燕大把燕南园61号给了他，他实际是燕南园大师里面年龄最小的，跟周培源和陈岱孙他们不是一代人。他是纯正的燕大人，后来燕大撤销，并进北大，他才成了北大老师。

60年代，侯先生启动了一个新项目，研究沙漠的历史地理。当时的中国科学院副院长竺可桢，号召历史地理专家研究沙漠，侯先生跟北大师生商议，以前只研究城市，现在要研究沙漠，是不是没底气，但为了响应号召，他最终决定带队进沙漠，去了鄂尔多斯高原。

鄂尔多斯高原有一片区域，1500 多年前南北朝的时候，是古夏国，他们动用了 10 万多人，建起了统万城，也就是古夏国都城，10 万多劳力中，有好几千人被杀掉了，所以那地方凝聚着劳动者的血汗。

侯先生带队进沙漠，找到了这坐废城。这城并非侯先生最早发现，早在民国时期，这个古城就已经被发现了。但是侯先生是第一个想到这样一个问题的人，就是当年建城，为什么要建在这儿，这地方以前是不是沙漠，如果是沙漠，城建在这儿干嘛？生

统万城遗址

司马台长城

活这么困难。结果他发现，统万城在当年，曾经是水草旺盛，充满森林，只是过了 1500 年，这里才变成了沙漠。

我前几天去中国国家园林博物馆，拍了张照片，是一棵从新疆运过来的古树化石，硅化木，光主干就 38 米长，当年的新疆能长出这么大的树，那一定是热带气候，所以地理变化得有多大，才能变成戈壁和沙漠。

侯先生从沙漠回来后，政府还制订了一个 10 年研究沙漠的计划，但刚要实施，"文化大革命"爆发了，这个研究计划就放下了，等到侯先生再去沙漠，已经是 1978 年，他已经上了年纪。

所以说起侯先生的成就，一方面是城市的历史地理，一方面是沙漠的历史地理，除此之外，他还是中国申遗第一人。

1985 年，侯先生去美国康奈尔大学讲学，有一次跟几个专门研究华盛顿城市变迁的专家交谈，那几个专家问他，知不知道世界上有一个叫做"保护世界文化和自然遗产公约"的组织，侯先生不知道，因为80年代之前，中国太封闭了，他听说有这样一个组织非常惊讶，那几位专家说，像中国这样一个文明古国，尽管毁了很多东西，但还有那么多遗存，为什么不加入这个公约，让全世界都知道你们有这样的遗产。

侯先生回国后，立即跟几位委员联名写了一封信，请求中国政府加入这个公约，同时申请3项文化遗产，一是故宫，一是八达岭长城，一是周口店猿人遗址，政府马上就批准了，所以我们称侯仁之是"中国申遗第一人"。截至2013年，我们中国的世界文化遗产已经有55个，在全世界排名第二位。现在，有一些声音反对过度盲目申遗，说有的地方为了申遗而申遗，特别是为了申遗而造假。我个人觉得，像八达岭就不该申遗，整个荒废的长城是真迹，司马台野长城是真迹，破旧得不行，但八达岭长城是后来建的。

在保护遗存问题上，我们理念上有问题。我去意大利罗马观光，在帝国大道两侧，可以看见许多废墟，意大利并不修复它们，他们的理念是，只要我修复它，这东西就掺假了，不再值钱，我宁可看着它一年一年在风化，最后消失了，我也享受它没消失之前的价值。我们不是这样，我们为了让人参观，得让人看着漂亮，经常给古建弄得特别新，也特别假。有时候我在想，像侯先生这些历史地理专家，如果他们的理念能在政府中得到推广，我们的古物保存工作可能做得更纯粹一些。

清华

梁启超的表里

　　清华北院1号和2号，梁启超在清华的家，2001年清华九十年校庆之前，破房子还都在，但校庆时已拆成了草坪，所以我的研究生吴姗姗第一次来清华玩，清华同学告诉她，这里是清华著名的情人坡。

这里最开始，是清华建校后第一片教师宿舍区，因为清华早期的教育主权不在中国人手里，这里住的主要是美国人，所以这块地方叫做"美国地"或者"清华小租界"。1925 年，梁启超受聘清华国学院导师，便住在这里。他的儿子梁思成，在"文革"中被打倒，最终死在这里。

北院原有 8 栋西式建筑，1 个会所，另外配有一些小平房。梁思成被打倒后，被赶到这里的小平房。1972 年的一天，他的第二任太太林洙回到家，发现地上一片狼藉，当年梁思成和林徽因为人民英雄纪念碑设计的花圈纹饰草稿，散落在地上，上面还有脚印，她想把这些东西收拾一下，梁思成说不用收拾了，把这些东西抬到屋外，林洙照办后，梁思成走出屋，点着了火，把这些草稿全烧了，他拿起最后一幅稿，看了看，流下了眼泪，林洙说她从没见过梁思成哭，这是第一次，也是最后一次，他把最后一幅草稿扔进火中，心脏病犯了，倒在火堆旁去世了。

清华四大导师，如果按照进校先后顺序排名，排第一的是王国维，排第二的是梁启超，排第三的是赵元任，李济不算四大导师，他算 4 个教授之外的一个讲师，按进校顺序他应该排在第四，陈寅恪排第五，如果把李济往后排，陈寅恪就排第四，我在《忆闻》视频里，是按照他们的年龄大小排的，依次为梁启超、王国维、陈寅恪、赵元任、李济。这五大导师中，梁启超跟清华的关系最密切，实际上，筹建国学院，基本是梁启超一个人的主意。

1914 年，梁启超来清华演讲，题目是《君子》，他引用《周易》中乾坤二卦的卦辞，说"天行健，君子以自强不息。地势坤，君子以厚德载物"，清华的校训"厚德载物，自强不息"就是这么来的。

这个时候，梁启超是民国司法部长，公务繁忙，他在城里住，很难抽出时间写书，清华离城里很远，他觉得找他的人不容易跑到清华来，于是就跟清华说，我要"假馆著书"，借工字厅的一间房，每星期有五天在这里写书。梁启超在清华住了10个月，12月的时候，清华教师开会，梁启超讲话，说清华在重视西学的同时，一定要重视国学研究。换句话说，早在1914年的时候，梁启超就提出清华一定要办国学。

这事儿一直拖到1924年，清华才真正筹办国学院，曹云祥校长不在行，于是委托梁启超来办。所以1925年梁启超给一个朋友写信，解释他为什么拒绝段祺瑞让他起草宪法的邀请，他说清华国学院是我一人提议，一手操办，正在节骨眼上，如果我离开，可能全散架，所以为了个人的信誉，为了学术良心，我不能走。

梁启超全身心扑在清华国学院的建设上，但他日后回忆这段岁月，不是太满意。

他认为高标准的教学，要师生像一家人，不能是老师上完课，学生根本就见不到他。他觉得清华国学院就像西方那些机械主义的教育一样，老师讲完课就走了，学生听完课就散了，互相没关联。

其实在这方面，梁启超做得不错，很多学生跟他结成了特别

紧密的关系。国学院四年下来，他的学生最多，一共 70 多人，多半学生是因为他有名，所以没报别的导师。因为他跟学生的关系好，学生群体流传着很多关于他的校园佳话，其中一个传说特别著名，说梁启超酷爱打麻将，管打麻将叫"四人功课"，你要是请他去演讲，他会说查一下日程表，发现约他演讲的时候已经安排了"四人功课"，只好说抱歉。他有一句话特别著名："只有打麻将能忘记读书，只有读书能忘记打麻将。"

梁启超对清华国学院的不满意还在于，他认为学生毕业后不该是一个随波逐流的新人，但他发现大部分学生尽管在受教育时慷慨激昂，心潮澎湃，一走上社会，迅速被同化了，是新人，却随波逐流，再有，他认为所有学生都应该是一个能适应潮流的懂国学的人，懂旧学，但要与时俱进，可他的学生做不到这一点。

梁启超 1925 年进清华国学院，1926 年徐志摩要娶陆小曼，徐志摩的爸爸提出特别苛刻的要求：第一，所有婚礼的费用自己出，家里不给一分钱；第二，主婚人必须是胡适，证婚人必须是梁启超；第三，结婚以后回南方，安安稳稳过日子。三条中有一条做不到，就不承认这桩婚事，梁启超碍于胡适的面子，也碍于徐志摩爸爸的面子，被迫做了证婚人，实际上，他非常反对这桩婚姻，而且非常讨厌陆小曼。

徐志摩的前妻叫张幼仪，张幼仪是张君劢的妹妹，而张君劢是梁启超特别好的朋友，梁启超 1918 年周游欧洲，就是跟张君劢一起去的。张君劢 1915 年把妹妹许配给徐志摩，徐志摩从拿到照片的一刹那，就觉得这是个乡下土包子，从此没正眼看过老婆，张幼仪怀上第二个孩子的时候，徐志摩跟她闹离婚，那时候他在英国，又看上了林徽因，而且到了谈婚论嫁的程度，林徽因经过深刻思索，觉得必须断了这个恋情，在没有跟徐志摩打招呼的情况下就跟爸爸回国了。徐志摩离了婚，回国后，看上了王庚的太太陆小曼，而王庚跟徐志摩一样，也是梁启超的学生。也就是说，徐志摩前妻的哥哥，是梁启超的好朋友，他夺人之爱的那个丈夫，是梁启超的学生，梁启超得多尴尬。所以他把证婚变成了批判会，滔滔不绝，厉声训斥这两个新人。徐志摩最后忍不住了，说老师，当着这么多人，能不能给我点面子，梁启超才把话停住。

通过这事儿，可以看出两个问题，一是梁启超是先进的思想家，但同时带有旧社会的残余思想，只要结婚，就受婚约束缚，如果婚姻不幸，也不能追求新的恋人，二是当他这么要求别人的时候，自己是什么样子，这一点非常重要。

梁启超 11 岁考上秀才，17 岁考上举人，他考举人时的主考官叫李端棻，咱北大是怎么建起来的，就是这位刑部尚书李端棻向光绪递了个折子，呼吁建京师大学堂，这就是我们北大的前身，李端棻发现梁启超是个人才，就把堂妹李蕙仙许配给了他，李蕙仙比梁启超大 4 岁，是老妻少夫，当时梁家很穷，李蕙仙一点儿没嫌弃，是一个特别贤惠的妻子，梁家也非常喜欢她。

1899 年，因为维新变法失败，梁启超跟着康有为逃到了日本。当时，孙中山也在日本，孙中山和康有为可不是一伙人，康有为要保皇，要皇帝亲政，孙中山要共和，要推翻帝制，所以两个人有矛盾。但梁启超既是康有为的学生，又觉得孙中山有道

理，所以他跟康有为的其他门徒一起，给老师上书，说您能不能退位，咱这个组织，由我梁启超做头儿，跟孙中山合作，孙中山是会长，我是副会长。康有为看完后，勃然大怒，要梁启超立刻离开日本，别跟孙中山混，去檀香山为保皇党筹款。

于是梁启超去了檀香山，那里有一个特别富裕的何姓华侨，请梁启超去家里作客，梁启超与何家女儿何蕙珍相遇，情投意合，相见恨晚，到告别的时候，何蕙珍告诉梁启超，如果这辈子不能遇见你，希望下辈子能追随你，我只有一个愿望，你能不能给我一张你的肖像照片。

几天后，一位朋友来见梁启超，劝他最好找一个新太太，这太太最好会英文，这对你在海外发展会有特大的好处。梁启超说，我知道你在说谁，但我第一有太太，我跟谭嗣同建了一夫一妻世界会，我不能违背当年的誓言，第二我是一个脑袋被悬赏的人，说不定哪天就死了，不能耽误了人家。

说是这么说，其实梁启超已经堕入情网，他送给何蕙珍一张肖像照片，得到何蕙珍刺绣的两把扇子，他还为何蕙珍写了好多情诗。

梁启超给李蕙仙写信，说他现在很苦闷，看上一个女孩儿，难以自拔，想和她好，又怕对不起你，你说我现在怎么办。李蕙仙看了信，特别生气，说你如果想娶她，我就跟你爸爸说，你把她娶来当妾就行了。梁启超一听太太要把这事儿告诉爸爸，吓坏了，说你不用告诉他，我自己断了这想法吧。

后来何蕙珍一直没结婚，梁启超做了司法部长，何蕙珍还从檀香山来看他，他挺绝情的，就在司法部长的办公室外面，接见了一下这女子。1924 年，李蕙仙去世，这女子又从外国赶来看梁启超，梁启超还是没答应。为什么没答应，这得说另外一件事儿。

早在 1903 年，梁启超偷偷有了妾，这妾是李蕙仙嫁到梁家时带来的丫环，叫王桂荃，因为梁启超和谭嗣同建过一夫一妻世界会，所以他不能把这个秘密宣扬出去，在他的书信中，一直没有"妾"这个字，直到 1924 年太太重病，他给一个朋友写信，说我的小妾又怀孕在身了，才第一次管王桂荃叫"妾"。

好在王桂荃是一个特别出色的女性，弥补了梁启超偷偷娶妾的负面影响。王桂荃甚至比李蕙仙还会做妻子，还会做母亲，梁思成是李蕙仙的孩子，他后来回忆说，有一次他成绩不好，李蕙仙拿笤帚疙瘩打他，笤帚疙瘩上捆着铁丝，打在小孩身上会皮开肉绽，王桂荃便用身体挡住梁思成，李蕙仙手收不住，笤帚疙瘩打在王桂荃身上，王桂荃忍着疼，事后拉着梁思成，教育他应该怎么做人。所以梁家的孩子非常尊重她，他们管李蕙仙叫妈，管她叫娘。

李蕙仙为梁启超生了 3 个孩子，王桂荃生了 6 个，这个秘密一直保守着，直到"文革"结束后，梁家的孩子觉得王桂荃妈妈特别值得纪念，才在香山植物园梁氏墓地种了一棵母亲树，告诉大家，我们家有两个母亲，一个是李蕙仙，一个是王桂荃。

吴姗姗忽然问，梁启超是不是教育孩子特别有一套，因为梁家 9 个孩子，都特别优秀。我告诉她，我不相信这种伟大的人物，跟他的子女有充分的时间交流。梁启超最好的家宅是天津饮冰室，饮冰室前后有两个楼，后面那个楼是梁启超工作的地方，他的所有孩子都不敢去那个楼玩，如果哪个孩子去了那个楼，一定是梁启超喜欢这个孩子，奖赏他，能进去待一会儿，孩子进去后，也是颤颤巍巍的，可见他对孩子多严厉。多数的时间，他都用于政治活动和学术研究，孩子教育主要由王桂荃操持。可以说，王桂荃是一个伟大的母亲，这9个孩子中，3个是院士，其他6位不是院士，也是著名的经济学家，著名的考古专家，都带着"著名"二字。这可能一方面来自梁启超的遗传，一方面因为二妈妈的教育。

吴姗姗还觉得，梁启超在感情上算是负责任，有了外遇，没瞒着妻子。我觉得负责任的丈夫，外面喜欢上一个女孩，自己已经了断，就应该不告诉原配，否则只能是惹她生气，假装没发生就完了，何必让太太有一个阴影，一直惦记着这件事。

总之我想的是，1926年徐志摩和陆小曼结婚，梁启超那种严厉的态度，仿佛违背了"己所不欲，勿施于人"这个说辞。

梁启超在清华国学院经历的第二件事，是他生病了，尿血症。

1926年3月，他去协和医院做检查，协和医院说，你的右肾有一个黑块，是癌，要切除。3月16日，协和医院第一位华人院长刘瑞恒亲自主刀，把梁启超的右肾割了下来。

这件事儿，有好多版本，梁启超的孙子梁从诫亲口告诉我，当时是发现左肾有问题，但护士擦碘酒的时候弄错了，把碘酒擦在右肾这边，美国外科手术的习惯是，相信上一个环节，护士把碘酒擦在右肾一边，那就是在右肾做手术，所以刘瑞恒上来就把右肾剔下来，而梁启超懂点儿医，看了切下来的肾说这似乎是好肾，等于切下了好肾，把坏肾留下了，所以他的病没好，最后去世了。

查一查梁启超的往来书信就知道，这个说法不准确，其实是一开始就发现右肾有黑块，但把右肾切下来一看，发现那黑块不是肿瘤，它也是好肾，但医院没把右肾是好的告诉梁启超，梁启超也不懂得医学。

总之舆论沸腾了，徐志摩写了篇文章，叫《我们生病了怎么办》，发表在《晨报》副刊上，他还要打官司，被梁启超压了下来。梁启超的意思是，好不容易西医才进到中国，不能因为他做错了一个手术，让更多人不相信它，回到中医那里去。梁启超说这话时，用了"瞎猜"这个词，说中医五行那套东西是"瞎猜"，要相信科学的诊断。

我们在宣传梁启超的时候，说他把官司压下来，是为了给西医在中国落地留一条出路，而且毫无怨言。我们隐去了后边发生的事情，实际上，梁启超在西医和中医之间并非没有动摇，也并非没有怨言。

右肾手术做完后，梁启超依然尿血，而且更为严重。于是想起来他的一位同乡，叫唐天如，他是吴佩孚的秘书长，是一位特别有名的中医。当时梁启超在北戴河疗养，去医院不方便，他便给唐天如发电报，说能不能用中医的方法，给我看看病。唐天如诊断后，说这不是肾病，是胆病。其实尿血症是泌尿系统的病，肾分泌尿液，通过输尿管排出体外，如果尿血，一定是从肾脏开始的泌尿系统出了问题，胆是干嘛的，是储存和排泄胆汁参与消化的，跟尿血根本没关系。唐天如说是胆病，开了十味中药，问题是梁启超吃完这十味中药，在 10 天之内，迅速觉得病已经全部除掉，所以他给子女写信，用了好像是现在的网络语言，说"我的病真真正正完完全全好得清清楚楚了"，而且还特意写到，西医束手无策的东西，中医在 10 天之内见效。

一个崇尚科学的人，当他真的遇到了生命的危险，西医没解决问题，他便想起了中医。其实，那段时间他觉得好了，可能是偶然或者是回光返照，实际上也只好了那么几天，最后他还是不行了。

写完这封信一个月后，他收到伍连德的一封信。伍连德是医学史上特别著名的一个防病医学家，他是梁启超的朋友。他告诉梁启超，协和医院已经发现，右肾是好肾，但他们仍对梁启超说那是坏肾，没切错。梁启超得知这个消息，特别郁闷，觉得协和医院不诚实。

我不相信梁启超被切掉右肾是他致死的原因，切掉一个好肾，他还剩一个好肾，这不会死。网上曾经有新闻说，为了买个手机，卖一个肾，那他还活不活了，当然他能活。每个人有两个肾，每一个肾有 100 万个肾单位，但只有十分之一的肾单位在工作，剩下的十分之九在休养，它是轮流工作，所以切掉一个肾，剩下那个肾的负荷量变成 20% 在工作，80% 在休息，继续活一辈子根本没问题。所以梁启超一定是死于别的病，可能他的泌尿系统中还有别的病没发现，而不是切掉一个好肾他就死了，更没有那种切掉了一个好肾留下一个坏肾的说法。

梁启超 1926 年手术后尿血症更加严重，1927 年已经力不可支，所以到 1928 年 5 月的时候，他把学生的试卷一收，回天津休养去了。离开清华国学院以后，他辞掉了一切职务，只留下通讯导师之职。1929 年 1 月，他去世了，等于死在清华国学院通讯导师的位置上。

我们一说梁启超办报，就容易把他想象成一个老年人或中年人，其实他那时候只有 25 岁左右，也就是说他在二十四五岁的时候，就已经出了名。他是一个成名特别早的人，很早就开始形成了社会影响。因为他办报使用了新文体，影响非常大，几乎影响了当年所有的知识青年。比如说毛主席，他就深受新文体的影响，毛主席在湖南读书的时候，他设计了一个新中国领袖的蓝图，大总统是孙中山，首相是康有为，外交部长就是写新文体的梁启超。

梁启超的思想有很大的阶段性，我们评价梁启超，说他的思想性不如他的学术性，他的思想在建设性上没有高过康有为，他思想的破坏性也没有大于谭嗣同。他各个阶段的思想是相互矛盾的。他在做康有为的学生时，跟康有为是一伙的，是保皇党，但在日本的时候有分歧，在康有为的保皇派和孙中山的革命派之间游移，他的心已经向着孙中山这边，但他是康有为的学生，所以康有为一震怒，他还是为康有为办事，临去檀香山之前，他又见了孙中山，孙中山说你到檀香山以后，找一个叫孙眉的人，他是我的哥哥，他可以帮你联络款项，所以他跟孙中山的关系没断。辛亥革命以后，袁世凯很快掌握了政权，那时候孙中山的同盟会已经成了势力，但梁启超和孙中山的亲密关系不在了，他站在袁世凯一边，把几个小党改组为进步党，他是党魁，跟国民党作对，要多抢一些议会上的席位。但袁世凯复辟苗头露出来，梁启超又坚决反对，袁世凯要给他20万大洋，让他帮写复辟檄文，梁启超不但没答应，而且让他的学生蔡锷去云南，组织护国军。他支持"五四"运动，但反对共产党，支持张东荪谩骂共产党。进了清华国学院，开学第一个双十节，清华请他演讲，他答应了却忘了时间，那天进城了，大家找不到他，所以临时取消了演讲，梁启超觉得准备了15000字的演讲稿，不发出去太可惜了，于是发表在了《清华周刊》上，这篇演讲稿，第一骂国民党，第二骂共产党，第三骂中华民国，说中华民国是一个不到14岁的小祖宗。总之，他的思想轨迹很复杂，不知道他归属于哪一派。

吴姗姗问，怎么看梁启超思想上的摇摆，我说这是好事儿，与时俱进，横不能到了一九二几年，还像王国维那样忠于清室，一个人青年的时候持有一种思想，未必是对的，后来抛弃这种思想，不一定是错误。

梁启超一生分两大段落，以1917年为界，1917年之前，他是从政的，从公车上书到担任袁世凯的司法部长和段祺瑞的财政部长，1917年段祺瑞内阁下台，梁启超同时辞职，我觉得他是对政治失望了，所以特别彻底地从此退出政坛，偏向学问这边，变成一个纯粹的大学问家。

梁启超著作特别多，一辈子写了1400万字，如果20岁成年才能开始写作，他后面还剩下36年，36年中他还有大量的时间要搞政治，同时他必须每一年写出将近40万字，这样才能积累下 1400 万字，所以他相当勤奋。而且，他跨的领域特别多，可以迅速在一个领域中写出著作。刚才说他的思想低于他的学术，其实，他的学术也低于其他那些专门钻研一个领域的学人，但为什么没多少人批评他呢，因为他特别真诚，他能特别真诚地进行自我批评，而且他自我批评的程度，比任何人对他的批评都要严厉。梁启超说，晚清理论界为什么会有那种粗鄙肤浅的东西，我梁启超是个带头人，横跨领域太多，太轻易就写出了著作，带来了不好的风气，他认为自己是罪人。他都把自己说成这样了，别人还能说他什么呢，反而你会给他找一些理由，说他这样做学术为什么是应该的，他在一个地方不深挖，又跳到另外一个地方，他永远能发现学术上的新的增长点，而且覆盖面极大，在一个领域中起到奠基作用。

王国维：纠结的一生

　　王国维教授住在清华西院 42 号和 43 号院，现在这里私搭乱建，已经完全看不出当年的样子。

　　清华国学院五大导师，其他四大导师来清华都特别简单，就是校长发聘书，他们来就职就行了，只有王国维是奉诏入园。清

华最初请他来任教，他说我不能答应，我必须先上一个奏折给皇帝，皇帝同意了我才能来。所以，是废帝溥仪颁了诏，王国维才奉诏进的清华园。

其实，北大有位大学问家叫马衡，他在 1921 年就问王国维，能不能来北大当教授。王国维问他的好朋友罗振玉，我答应不答应，罗振玉说你先别答应，你最好能进紫禁城当差。王国维问罗振玉，那生计问题怎么解决。王国维多年一直跟着罗振玉，罗振玉一直救济他。罗振玉说你去找升大人，求他转告溥仪，请你进南书房做行走。罗振玉说的升大人叫升允，原先是甘陕总督，清朝遗老，跟皇帝关系特别好。王国维去见了升大人，升大人说我帮你努力。所以王国维和罗振玉都没有接受北大对他们的聘请，只答应做函授教授。

1923 年，溥仪想请一些最有学识的人进紫禁城当帝师，升大人就介绍了王国维。王国维当时在上海，他得了一场病，回海宁老家养病。如果看一些纪录片或者回忆文章，都说他在海宁犹豫，到底进不进故宫，因为溥仪毕竟是废帝，现在都已经是民国了。我看了他当时的书信往来，其实他根本没犹豫，反而高兴得不得了。他跟罗振玉的书信往来，已经在商讨什么时候进京，进京的时候得穿朝服，没朝服怎么办，向谁借，讨论得热火朝天，心潮澎湃。5 月，王国维进京。6 月，他穿上借来的朝服，从午门进到故宫，朝拜溥仪，溥仪封他做五品官，南书房行走。

南书房行走是康熙时代设置的一种差事。所谓"行走"，就是你原有一个官位，但到另外一个职位执勤。南书房行走，就是翰林院的官，在康熙的南书房轮番执勤，跟皇帝对诗，对四书五经，讲典故，相当于半个帝师，此外他们还有一个重要任务，就是担当皇帝的机要秘书。但雍正建了军机处，大量的行政权力转移到军机处，所以此后的南书房行走只是帝师，或者皇帝的文化顾问，没了机要秘书这个职能。尽管如此，在清朝翰林看来，这仍是一个最高奖赏。

王国维也认为这是一个极大的奖赏，因为只有翰林才能做南书房行走，而他不是翰林，只是秀才，连举人都没考上，他能跟其他翰林在一起，做南书房行走，他觉得无上光荣。

王国维做南书房行走的时候，提出过一些建议。在 1924 年年终，他曾建议建一个皇室博物馆。原来属于皇家藏品的一些东西，都在民国治下了，民国为此建了很多博物馆，王国维建议，咱紫禁城，也应该建一个由皇家控制的博物馆。他想得特别天真。他说如果建了皇室博物馆，它是古今文化荟萃之所，一旦民国或者外敌要侵入，抢这些宝贝，全世界都不会答应，会出兵保卫它们。这个建议，废帝没有重视，因为皇宫里面特别复杂，有各种派系的斗争，容不得废帝想这类事，他想的是财政问题和复辟问题。

民国初建时，跟清室有个交易，就是优待清室条件，其中第二条规定，每年民国政府要拨给故宫 400 万两白银。400 万两实在是不少。日本天皇是实权皇帝，他一年的费用如果合成中国白银的话，是 200 万两。英国维多利亚女王一辈子跟国会吵架，说给她的钱太少了，她每年能拿到多少呢，合成中国白银是 48 万两，直到晚年的时候，国会才批准变成 700 万两。慈禧的时候，整个内廷的花费，也就是 50 万到 60 万两白银。换句话说，民国政府是在自己风雨飘摇财政收入不好的情况下，拿出巨资来养溥仪的小朝廷。此外，优待清室条件中没有处理好的一件事，是清室财产归属问题。在欧洲，发生了革命或政治变革之后，王室的财产怎么处理，99% 没收。比如说凡尔赛宫，没收，变成国家的博物馆，只有 1% 留在皇族手上。但是故宫里的所有宝藏，却属于溥仪自己，没有变成国家的。这就留下了两个问题，一是溥仪这个小朝廷，拥有 400 万两白银年收入，所有跟这笔巨资有关的人，便会产生种种想法，比如说过奢侈糜烂的生活和贪污，二是故宫里的皇家财产，因为没做正确的划分处理，这些东西属于溥仪，溥仪尽管有那么大的年收入，但他仍在变卖财产，所以当时有很多人抨击他盗卖财产，但这说不通，因为那东西就没说好是属于国家的，溥仪无非是在贩卖自己的宝贝，再加上太监和宫女也偷出东西去卖，所以当年地安门的古董店，卖的就是从故宫里偷出来的珍品。

所以溥仪在 1924 年 3 月委任郑孝胥做总理内务府大臣，整顿内务府，要厉行节约，节约下来的钱干吗呢，做复辟活动。溥仪的小朝廷，除了财政搞得很乱，他们还一直想着复辟，民国政府非常不高兴。这个时候，王国维经常跟罗振玉通信，批评郑孝胥的改革，预言他一定会失败。到了 6 月份，郑孝胥果然失败了，内务府大臣原来是绍英，郑孝胥失败后，所有权力又回到绍英那儿。这绍英也把一些字画和珍贵物品拿出去卖，溥仪在《我的前半生》中说，绍英把一部分字画拿给王国维，让他去卖，但王国维一辈子一直是罗振玉提携，他等于欠罗振玉很多东西，罗振玉便把这些字画从王国维那儿拿走给卖了，说你欠我的债就用这些抵了，可这样王国维就没有脸去见邵英了。所以在溥仪看来，王国维后来自杀，是因为欠绍英的债。

总之，小朝廷派系斗争特别厉害，王国维很不满。所以他说，我只认真做一件事，就是教导皇帝，做一个合格的仁君，振奋起来，重新夺回天下。

小朝廷一直想着复辟，旧北洋将军很不满意，1924 年年底，冯玉祥发动北京政变，其中一个重大举措是，把溥仪赶出故宫。优待清室条例中有一条说，废帝暂居故宫，适当的时候，移居颐和园。所以冯玉祥就把溥仪赶出了故宫，说你自己找个地方住，我只负责保卫你的安全。溥仪跑到后海的醇亲王府，醇亲王想到民国政府不喜欢溥仪，他住我这儿会不会牵连我，所以不让他住。1925 年年初，在日本策动下，溥仪去了天津日租界。

王国维正是 1925 年 2 月接到的清华国学院的邀请，他说我不能马上答应你们，清华是新式学校，我是清朝遗老，南书房行走，我得看看皇帝批准不批准，所以他写了一个奏折，溥仪批了，所以王国维奉诏入清华。

一进清华，王国维就住进清华西院，他的书比较多，所以后面的院子放书，前面的院子是他住的地方。

王国维 1925 年进清华国学院，1927 年自杀，所以任教时间非常短。他的所有著作和学术成就，基本在这之前就完成了，所

以他在清华也就是上上课，指导指导研究生。他对清华，没有太多贡献，就是普通一个导师。

他自杀的那天，已是 1927 年 6 月，是学期末。他来到办公室，说要把学生的成绩评定一下，但发现卷子没带，所以找听差回家取来卷子，他把评定和成绩写好。然后，他跟一个同事讨论新学期的招生工作，讨论得热火朝天。最后，王国维向这个同事借 2 块大洋，这同事没带，只给他 5 块纸钞，他拿着钱，出了门，像现在打的一样，叫了一辆驴车，去了颐和园。在颐和园鱼藻轩，他抽了一根烟，然后扎进水里就死了。

验尸官第二天从他身上找到一封遗书，其中有两句话，"五十之年，只欠一死。经此世变，义无再辱"，说明他是想好了才死的。

可是他在临死的一上午，又给学生判成绩，又讨论新生入学，一点没有死的迹象，所以他的死成了一个谜团。

他的死因，后世有好多种说法。

第一种说法是殉清，为清王室死，我赞成这种看法，同意这种看法的人也比较多，梁启超、鲁迅、曹云祥校长基本都这么认为。王国维来国学院，跟其他导师极不一样，他梳着辫子。他中间剪了辫子，辛亥革命之后，他又把辫子留起来了。要知道，辛亥革命之后，溥仪都把辫子剪了，王国维却留着辫子在清华教书，穿的是古代的大袍，腰上系着布袋子，头上戴着小瓜皮帽。清华是带有美国气质的学校，新式学生能接受这样一位老先生，也挺不容易的。

他非常关心复辟问题，1917年张勋复辟前后，王国维和罗振玉频繁通信，讨论这件事，他们特别振奋，对王国维来说，张勋是个特别伟大的人。

他完全是遗老形象，所以说他殉清，我挺赞成的。

第二种说法是惊惧，害怕，1927年，北伐军已经接近北方，他们在湖南的时候，杀了一位前清遗老的国学家，在浙江的时候，把章太炎的家给抄了，所以王国维很担心北洋军进京以后，他还能不能活下去。王国维完全不懂时局和政治，是个书虫子，他更多的是看梁启超怎么看这些问题。梁启超1月的时候，曾给家里人写信，说南方已经是工人世界了，知识分子是反革命的代名词，这是梁启超对南方革命的判断。到了3月，梁启超说："北伐军进了北京以后，绝不会放过我的。"所以很多人劝他避难，梁启超住在清华北院，5月学期快结束了，他便回天津租界避难去了。所以王国维非常害怕，与其革命军打来以后把他杀掉，自取其辱，还不如自杀算了。

你们知道朱自清写《荷塘月色》的背景是什么吗？为什么他也有某种担忧，那篇散文写于1927年7月，其实也是担心国民革命军进京后会杀掉自己。北伐军最开始时是国共合作，本着苏联的一些原则，其实挺左的，在他们看来，知识分子很值得怀疑，也确实像梁启超说的，如果你是知识分子，你就挺危险的。

第三种说法是陈寅恪独有的一种看法，殉文化，在陈寅恪看来，王国维觉得中国文化一直在坍塌，到了20年代，已经坍塌得不像样子，因为这一点，他干脆不活了。这观点我不同意。我们现在看历史，觉得新文化运动作用极大，好像此后全是新文化，旧文化全都颠覆了，其实仔细想想，当年多少旧思想还在，多少老先生还在，多少文物没被毁掉，所以其实20年代没多大变化，王国维不会因此而死。

第四种说法是欠债，刚才说过，溥仪说绍英把一部分字画给了王国维，让他去卖，罗振玉却把这些东西拿走，卖出去的钱没给王国维，王国维便欠了邵英的债，于是死掉了。另外，郭沫若写过一些文章广为流传，几乎成了定论。他说王国维和罗振玉一起做买卖，欠了债，王国维的债记在罗振玉名下，等于是欠了罗振玉的债，此外，王国维的儿子娶了罗振玉的女儿，王国维的儿子死了，罗振玉就让女儿回家守节。不嫁别人，你王国维每年给我2000两白银，做补助费，要知道2000两非常贵，等于是每月近200两，王国维支付不了这钱。罗振玉老向他逼债，他还不上，于是就自杀了。但是，如果查王国维和罗振玉的书信往来，其中毫无债务商讨记录，所以这只是传说，没有证据。

第五种说法是死谏，说王国维看出来，溥仪在罗振玉他们的劝说下，想跑到日本去，或者在日本扶植下，建立一个像后来满洲国那样的傀儡政权，王国维跟这些人意见不一样，所以以尸谏的方法，劝溥仪振作，凭借自己的力量恢复大清，不要依靠日本人的扶植。这说法没什么证据。倒是王国维死后第5天，溥仪接到一个折子，据说是王国维死之前写给他的，劝皇上要振作，要复辟，后来查实这个折子是罗振玉在王国维死后伪造的。

第六种说法是综合说，也就是说，上面提到的这些因素，全是死因。

我觉得，一是殉清，一是害怕，再加上欠绍英的债，这三个因素加在一起，让王国维自杀了，但其中最重要的因素是殉清。

你们知道他为什么去昆明湖自杀吗？刚才咱们进西院的时候，外面就有一条河，清华有这么多条河，工字厅那地方还有湖，跳进去不就可以死嘛，为什么非要跑到颐和园去死呢？优待清室条件中不是说了吗，废帝暂居宫禁，适当的时候，移居颐和园！所以，颐和园本该是溥仪的家，死也要是他的鬼。

他投湖的地点叫鱼藻轩，典出《诗经》的"鱼在在藻"，讲的是水草和鱼的关系，其实是说君和臣的关系，鱼依附在水草旁边，就像臣依附在国君身边一样。王国维作为大学问家，深知鱼藻是什么意思，所以专门选了那个地方死。那地方湖水极浅，只有一尺深，想活站起来就行了。死的前3天，他曾带着一个朋友去过鱼藻轩，他说天下都脏了，只剩这一湾水是清净的。

王国维的死，有这么多种猜测，但总的来说还是个谜。

他有9个孩子，有1个死了，有8个孩子活着，这些孩子都应该知道一些细枝末节，但他们对父亲的死全是守口如瓶，没人说过任何一句话，说话的都是他的孙子辈，离他比较远，所以弄不清他到底为什么死。

王国维小时候生活在海宁，一直想出去看看大世界，活得好一点，特别是能去日本留学。日本在甲午战争中打败中国，当年的中国人跟现在的不一样，现在的中国人那得恨死日本了，可当年那些中国人我觉得更伟大，他们偏偏是想看看这个蕞尔小国，到底为什么能把我们打败，反倒是要去敌人那里去留学，去学习他们。王国维也有这种想法，想去日本。但他家里没钱，只可以带他从海宁出来去上海，于是在爸爸陪伴下，王国维来到上海，在梁启超担任总编的《时务报》工作。

王国维去了《时务报》才知道，那里只是安排他当校对员，所以很不满。有一次他正在喝闷酒，抽烟，朗诵自己写的作品时，罗振玉去找《时务报》经理，发现王国维写的东西不错。他告诉王国维，我办了东文学社，你可以到我们那儿学日文，学英文，学数理。王国维说，我没钱，去你那儿怎么交学费啊。罗振玉说，你打工挣30块钱，正好我们的学费是30块钱，这不就够了嘛。如此，王国维去了罗振玉办的东文学社。东文学社基本全是日本外教，日本外教第一教会了王国维日语，第二向他推荐了一位德国哲学家叔本华。而日文和叔本华的悲观主义哲学，对王国维的一生，影响极大。

最后，王国维终于在1901年跟罗振玉去了日本，但1902年就回了中国。后来辛亥革命爆发，王国维觉得要避难。其实没他什么事，在清朝最后的政治改革中，他和罗振玉都在学部供职，罗振玉是学部参事，王国维只是学部的编译员，但他们俩都觉得应该避难。如果他们去海宁，要坐船走，可船价涨到了20两银子，太贵了，所以两人没走成。过了几个月，他俩觉得不行，还是得避难，于是两人去了日本，在日本住了4年。罗振玉收藏了很多殷墟甲骨，王国维在日本的时候，开始研究甲骨文。

王国维的学术成就，特别杂，大概有这么几大块内容。

在 1903 年，张之洞想让大学堂取消哲学系，王国维发表了第一篇文章《哲学辨惑》，他说首先哲学不是没用的，第二哲学是无害的，第三中国哲学是固有的，第四哲学很重要。从此对哲学的研究成了他的学术思考的一个路径。

他不认为中国文化一定优于西方文化，在他的判断中，西方文化肯定是比中国文化强，但他迷醉于中国文化，他毕竟是中华文化熏染出来的，他曾经说过，将来能光大中国哲学的人，一定是懂得西方哲学的人。他想的是光大中国哲学，但如何能光大呢，一定是那些懂得西方哲学的人才能做到。

1904 年，王国维写出《红楼梦评论》，开启了新红学。

新红学跟旧红学不一样，旧红学重考据和附会，而在王国维这里，他是用叔本华的悲观主义哲学来分析《红楼梦》。

他说《红楼梦》是悲剧中的悲剧。在王国维看来，所有白话章回体的明清小说，按照中国人的乐天原则，结尾全是大团圆，这是一种庸俗的结尾，而《红楼梦》是唯一一篇以悲观结尾的小说。

这里论断有一个言外之意，在王国维看来，《红楼梦》并非像我们后来认为的，前 80 回是曹雪芹写的，后 40 回是高鹗写的，在他看来是一个人写的，前后都很出色，所以他才高度评价了《红楼梦》的结尾，如果照我们这么想，后面是高鹗写的，不怎么样，那就不会给予它崇高的悲剧评价。

我们现在说其中的玉，都是在推测它代表某个人或代表某个器物，王国维不这么看，他认为玉，实际是欲望的欲，是人类的各种欲望。

我们常在探讨，贾宝玉，真人是谁。在王国维看来，《红楼梦》完全是一部小说，跟现实没关系，不要把它看成是一个真人的真实传记演化成的小说。贾宝玉可以是任何一个人，不要把他当成真的历史，那会大大降低他的艺术价值。

王国维曾经感叹，这么伟大的一部著作，为什么没有署名呢。换句话说，王国维不认为这部小说的作者是曹雪芹，那是后来胡适考证出来的。

1909年左右，他写出了《人间词话》，用西方的美学标准，评价了我们中国的旧文学。

1917年左右，他完成了殷墟甲骨文的研究，写出甲骨文研究的第一本著作。

王国维是一个矛盾体，他很早就接受了新学，但在政治上，他一直以清朝遗老的心态对待复辟问题。他的心里，好像有一种对清朝的执念，真是非常奇怪。他是汉族人，是大学问家，应该清楚地知道满人是外族，优待清室条件怎么说的，说是皇帝可以保持他的尊号，中华民国会像对待外国元首一样对待他，如果是本国元首，那是君主立宪，留存你的皇帝尊号，把你当成外国元首，所以这清楚地表明满人是外族。王国维没绕过弯，他是汉族人，却忘记满人是外族。

他挺复杂的，不好理解，有一句话说得特别对，凡是自杀的人，不是出于勇敢，而是因为糊涂，他有好多事自己没摘清，没活明白，稀里糊涂就死了，因为勇敢而自杀的人，可能只有屈原。

陈寅恪：最是文人不自由

　　和清华国学院其他导师比，陈寅恪来清华算晚的，别的导师
1925 年就来就职了，陈寅恪 1926 年才来清华。他先是住在清华
工字厅单身教师宿舍，后来搬到清华照澜院 2 号，和住在 1 号的
赵元任毗邻而居，一直住到 1935 年。

　　说起陈寅恪，咱首先要解决一个问题，恪到底是念 kè 还是
念 què。我们一般习惯了读 què，但实际上，应该念 kè。陈寅恪
出生在长沙，父辈却是江西修水人，把 kè 读成 què。但陈寅恪
的英文签名，恪签的是 koh，所以正确读音应该是 kè。别人曾经
问过他，恪到底是念 kè 还是念 què，他说这东西不要紧，你愿
意怎么叫就怎么叫。他自己很随意，周围的人都叫他陈寅 què，
他也不纠正。所以，我们今天沿用这种习惯，也管他叫陈寅
què。

　　陈寅恪前后在欧美游历了 16 年，去过好多国家，清华组建
国学院的时候，他正在柏林游学，他不要学位，只是听课。

　　有一种传说是，当年梁启超向清华校长曹云祥推荐陈寅恪，

曹校长问，陈寅恪有博士学位吗，梁启超说没有，曹校长又问，他有很多著作吗，梁启超说，一部也没有，曹校长说，这就难办了，他一不是博士，二没有著作，怎么能当国学院导师呢，不够资格呀，梁启超说，首先我也没有博士学位，只是个举人，其次，我是写了很多著作，但我所有著作加起来，顶不上陈寅恪的300字。听了这么高的评价，曹校长还是有些犹豫，梁启超于是说出最后一句话，他说像陈寅恪这样的人，如果清华不要，他一定会被别的学校高薪聘去，您是把他让给别人，还是自己留下呢？曹校长说，你把他说得这么厉害，那我们就给他发聘书吧。

这只是流传很广的一个传说，陈寅恪长年在外，梁启超和他不熟，陈寅恪又没有学术著作证明自己，梁启超不可能为他打保票。实际上，是陈寅恪的哈佛同学吴宓举荐的他，尽管陈寅恪没有著作证明自己的实力，但吴宓太了解他了。

陈寅恪来清华以后，不负众望，大家很满意。他讲课有个"四不讲"原则——古人讲过的我不讲，洋人讲过的我不讲，今人讲过的我不讲，我曾经讲过的我不再讲——也就是说，听他的课，只能听到一次。来听课的是什么人呢，除了各个学校的学生，还有清华教授，比如朱自清，所以有一种说法，说他是"公子的公子""教授的教授"。为什么是"公子的公子"，他的爷爷是湖南巡抚陈宝箴，他的爸爸陈三立是巡抚助手，他算是官三代。"教授的教授"是什么意思，他不光是学生的教授，很多教授也要向他学习。刘文典曾经在清华中文系当过系主任，他有一个评价，说清华的老师里，陈寅恪值400大洋，我这个人也不弱，我值 40 大洋，像朱自清那样的人，就值 4 块大洋。陈寅恪在清华教书的时候，也没有著作，只是讲课时听者云集。

到了 1929 年，清华国学院的导师，只剩下陈寅恪一个人了。1927 年，王国维自杀，1929 年年初，梁启超病逝，赵元任和李济分别去了史语所。所以 1930 年，清华国学院维持不下去了，所以撤销，陈寅恪做了文史哲三个系的教授，叫三系教授。

1932 年，陈寅恪随意出考题的负面新闻引发舆论批评，他的存在进入大众视野。那年 8 月，陈寅恪第二天要去北戴河度假，刘文典找到他，请他走之前给清华新生和转学生出一套考题。我也觉得陈先生是在出行之前仓促出的考题。考题特别简单，作文题各个年级都一样，全是《梦游清华园记》，另外一个考题是对对子，各年级不一样，一年级转学生的对子是"孙行者"。1932 年，清华一共有 2000 多名新生和转学生，考试结束后，他们频繁吐槽，给报纸写投诉信，说清华出的是什么烂题。舆论批评说，这作文题是给小资产阶级出的，如果是贫困学生，从来没来过清华，他们怎么梦游，怎么进行想象。陈寅恪解释说，我是让你们用想象描述一个你们理想中的清华大学。我认为这是陈先生胡乱找来的一个借口，所谓"梦游清华园记"，你一定要记述你所看到的景物，而不是你所构想的理想化的教学制度是什么，教学实践是怎么回事，梦游什么什么园，眼观的景物是非常重要的，一个从来没去过清华的人，怎么梦游呢，完全没有现实基础，所以我觉得批评的声音是有道理的，陈先生的解释是无力的。对对子的非议，吐槽声更大。"孙行者"那个对子，当年只有 3 个考生答对了，其中一个是后来去了北大中文系的周祖谟教授。对"孙行者"的答案是什么，普遍的猜测是说，陈寅恪心中有两个答案，一是祖冲之，一是王引之，但陈寅恪一直拒绝透露正确答案，十几年之后他才说，答案是胡适之。孙对胡，猢狲是同一类动物，适对去，者对之。这个对子题，当时被吐槽得特别厉害，最上纲上线的吐槽是，这是复古主义！新文化运动已经十几年了，你清华大学这么一个现代化学校，怎么能在 1932 年还出这样的考题呢？陈寅恪的解释是，别小看这 3 个字，这 3 个字可以看出中国字的虚实结合和平仄关系。我觉得这是一个勉强的解释，其实就是没认真出题，因为他第二天要去北戴河疗养。这是一个大师，严谨了一辈子，失误了一次。

　　陈寅恪在清华照澜院 2 号住了 9 年，1935 年，他搬到了清华西院 36 号。但在这里住得时间不长，1937 年卢沟桥事变爆发，日本人打进北京，陈家发生了一件大事。早在 1933 年，陈寅恪把父亲陈三立从南方接到北京，安排在姚家胡同一套四合院，日本人占领北京之后，很多人开始逃难，陈三立当时 85 岁，他说我绝不当逃难的中国人，就留在北京，因为陈三立在老人圈里很有名望，日本人希望动员他投靠日本，派了很多说客来说服陈三立，老爷子特别痛恨日本人，压根不让他们进门，人一来就让仆人拿着扫帚把他们扫走，之后他开始不吃饭，绝食 5 天，就这么饿死了。陈三立死后，陈寅恪为爸爸守灵，在第 49 天的时候，他的右眼视网膜脱落，医生说，要么你做完手术再去南方，要么不做手术，直接去长沙临时大学，代价可能是失明。陈寅恪一刻也不想在北京待着，决定离开西院 36 号，宁可失明也要走。

他把所有藏书打包，运往长沙，日后写著作要用这些书。陈寅恪跟别人的读书方法不一样，别人是做卡片，把卡片拿走就可以进行学术研究，陈寅恪不记卡片，是做眉批，读书的时候有想法，就写在书页上，所以那些书对他特别重要，必须打包运走。陈先生因为给爸爸守灵，去长沙的时间比别人晚，所以等他到了长沙没多久，长沙也变成了前线，但书还是没运到，他在没收到书的情况下，紧急向西南转移，到了昆明。这时他才知道，他那些书运到长沙以后无人签收，全部毁于战火。而他自己随身携带的书，在去昆明的路上，被小偷偷走了。

陈寅恪在西南联大待的时间不长，他 1938 年到了昆明，40 年代初就去了香港。日军攻占香港后，陈家逃回广西桂林，住在一间茅草屋里，以木箱为书桌，仅凭左眼，写出了《唐代政治史述论稿》。1943 年，陈寅恪去成都燕京大学任教，第二年写出《隋唐制度渊源》。这两本书，完成于战火纷飞的年代，而且陈寅恪是在丢失了学术藏书的情况下，完全凭着记忆，写出了这两本书。

与陈寅恪同辈的老先生，全是在壮年时期形成了重要的研究成果，后期一直在用，陈寅恪是直到中晚年才开始大量著书。

1944 年年底，陈寅恪又写完了《元白诗笺》，写完这本书的那天早晨，他发现左眼也看不清了。他跟女儿说，告诉学生们，今天不上课了。他在成都治了眼睛，但效果不好。1945 年光复之后，陈寅恪去了英国。其实早在 1939 年，牛津就想聘他去当教授，但他一直没有成行，英国一直虚位以待。抗战一结束，陈寅恪便去了英国，想到那里把眼睛好好治一治。结果英国医生给他做完手术之后，情况更恶化了，双眼失明成了定局。这种情况下，陈寅恪不想在牛津待了，1947年他被搀扶着回到了清华园，住进新林院52号。

1948年，国民党抢救大陆学人计划，陈寅恪在名单中，于是他去了南方。可到了南京，他又决定不走了，去广州岭南大学教书。1952年校院大合并，岭南大学并入中山大学，他最终成了中山大学的教授，最后死在中山大学。

陈寅恪在中山大学仍然很有建树。

1953年，他的一个学生给他寄来一本弹词，叫《再生缘》，是清朝女诗人陈端生写的。内容是发生在元朝的一个爱情故事，一位大学士的女儿本该嫁给云南总督的儿子，但是国丈的儿子看中了大学士的女儿，大学士的女儿被迫化装成男人逃跑，然后参加科举考试，连中三元，做了兵部尚书，相当于今天的国防部长，在打朝鲜的时候，女尚书指令她的前男友去征战，战争打赢了，前男友被封为王，也就是说，大学士的女儿和她的前男友，还有双方的父母，都同堂伺候皇帝，可是却不敢相认，女尚书有一次喝醉酒了，吐露了真言，皇帝一看，原来你是女的，你给我当妃子，女尚书急得吐了血。这本弹词写到这儿，戛然而止，没往下写。陈寅恪看了，曾惊叹说，我们一直说中国没有诗史，这就是诗史，所以他想写《论再生缘》。1954年，《论再生缘》写成了，但是一直不能发表。为什么呢，因为云南总督的儿子打的

陈寅恪

是朝鲜，周恩来说，不要再扩散这部论著，这会让朝鲜不高兴，所以这书一直发表不了。所以陈寅恪只能把它油印出来，分送朋友。但是这本书最后还是在香港出版了，说是不让出版却在海外出版了，中山大学就开始查，查来查去发现可能是章士钊去香港的时候带去了一份油印版，最后不了了之。过了 20 年，余英时写了一篇文章，说他在美国麻省得到了一份《论再生缘》油印稿，把它交给香港出版了。

1961 年，吴宓去广州看陈寅恪，陈寅恪拿出一份油印版《论再生缘》，送给老友，同时他告诉吴宓，我现在在干一件大事儿，秦淮八艳中的柳如是，在大家眼里，她无非是个歌妓，但在我这儿，她是具有自由思想和独立精神的人，我要写《柳如是别传》，80 万字。1964 年，这本书写完了。早在 1927 年，王国维自杀，1929 年清华给他立了一个碑，碑文是陈寅恪写的，其中

"独立之精神，自由之思想"是格外重要的一句，陈寅恪认为柳如是也是这样的一个人。

"独立之精神，自由之思想"，是陈寅恪特别看重的学术最高标准，他自己一直本着这个标准去做学术研究，他也用这个标准去判断其他人是不是一个标准的学人。

1953年，中共中央要成立一个委员会，叫中国历史问题研究委员会，分三个所，一所二所三所，一所研究上古史，二所研究中古史，三所研究近代史，陈寅恪写过唐代三稿，隋唐属于中古，所以想让他当二所所长。当时，北京很多老朋友都动员他出任，但他拒绝了。陈寅恪曾经特别看重的一位学生来拜访他，这个学生，是陈寅恪失明以后回到清华，清华派给他的3个助手之一。陈寅恪的女儿说，我爸爸最喜欢的助手是数学好的人，逻辑思维清晰，演算能力强，所以做事精细，这位学生就是数学特别好的人，所以在3个助手中，陈寅恪最喜欢的就是他。1953年，这位学生在北大历史系当教授，他来是为了说服陈先生去北京。刚开始，两人谈得挺好，但是谈着谈着陈寅恪发现，这个学生已经变了，变成了一个让他觉得莫名其妙的人。陈寅恪怒了，他明确说，你根本就不是我的学生，你还记得我当年怎么给王国维写的碑文吗，"独立之精神，自由之思想"，这是我对学术要求的标准，而你已经不符合这个标准了，你不是我的学生。他之所以这么生气，是因为这位学生在北大历史系经历过思想改造运动之后，已经变成了以马列主义为前提来研究历史的学者。

1953年的时候，老先生们要么改变立场，要么缄口，陈寅恪敢明火执仗地说，不能以马列主义为前提来研究历史，这简直是太异常的声音。当年，中国有二陈，一南一北，北边是陈垣，南边是陈寅恪，这个时候，陈垣已经变成了马列主义学者，他甚至给胡适写信，劝他改变，但南方的陈寅恪强调独立研究，不违背自由思想和独立精神，这是相当了不起的。

当然，陈寅恪敢这么说，也可能跟他在广东没受到过太大冲击有关系。当年的广东省委书记陶铸，非常珍惜他，对他照顾得特别好。现在如果去中山大学看陈寅恪故居，不会像在清华看到的三套故居，全都破败不堪，中山大学的陈寅恪故居非常之棒，故居门前有一条水泥小路，是著名的陈寅恪小道，是陶铸让修的，他嘱咐手下，陈寅恪眼睛不好，不要让他在坑坑洼洼颠簸不平的路上走，所以专门给他修了一条小路。

陈寅恪50年代还那么坚决地主张自由思想，但到了60年代，压力不一样了，自由成了绝对的奢望。等到陶铸被打倒了，陈寅恪就跟着倒霉了，而且非常之倒霉。

陶铸是中南局书记兼广东省委书记，1966年6月，他被调到中央，一下子从地方大员变成了中国领导层的第四号人物，但是到了年底，毛泽东就不喜欢他了。其实，他跟毛泽东没有多大分歧，毛泽东认为"文化大革命"一定要扩展到厂矿企业，陶铸觉得，如果扩大到厂矿企业，会不会影响生产。他并不是反对毛泽东，只是提出一点点疑义，但就这点疑义，让毛泽东觉得他不是个老实人，所以在1967年年初就把他拿下了。陶铸被打倒之前，陈寅恪已经受到一些冲击。那个时候，他的身体已经差到了只能在床上躺着，"造反派"说要把他抬到会场上去批斗，结果到了晚上还没人来抬他，后来他才知道，他的一个学生叫刘节，替他去挨批斗，被毒打了一顿，"造反派"问他，你替老师来挨斗，有什么感想，刘节说，我能替老师挨打，觉得非常光荣。陶铸被打倒以后，被定性为刘少奇和邓小平后面第三号人物，所以问题相当严重。陶铸曾经那么关心陈寅恪，陈寅恪就变得非常倒霉，"造反派"把大字报贴到了他的家门外、门里边、柜橱上、床头，先是把高音喇叭架在他家的楼后边，后来干脆从屋外挪到他的床头。陈寅恪本来已在生命的末期，失明，还有腿疾，根本不能下床，把高音喇叭绑在他的床头，这是多大的折磨呀。

1969年年初，陈寅恪被赶出家门，搬进一个四面漏风的平房。5月的时候，他被逼着写揭发材料，揭发陶铸，批判自己，他没力气写，只能说，一直说到再也说不出话来。其中，他曾说过一句话，说我现在仿佛是在死囚当中。直到吐了血，审问才结束。深秋的时候，陈寅恪去世了，没多久，他的太太唐篔也去世了。又过了几天，11月30日，陶铸也去世了，陶铸去世的时候死不瞑目，眼睛没闭上，怒目看着天花板。

陈寅恪夫妇去世后，因为迟迟没有结论，骨灰先是寄放火葬场，后来寄放银河公墓，各省都不愿接收。直到1993年，江西植物园才把骨灰接去，立了一个碑，碑文由黄永玉书写，写的是"独立之精神，自由之思想"。

赵元任：教我如何不想她

　　清华照澜院 1 号和 2 号，实际是一栋建筑，但一左一右住着两位教授，1 号是赵元任家，2 号是陈寅恪家。

　　赵元任在清华的时间不长，从 1925 年到 1929 年一共 4 年，之后去了史语所。在清华任教短短 4 年，赵元任主要做了这么几件事儿。

　　一是学术研究。赵元任学的是数学，辅修物理，兼修音乐，可来清华以后，他教的是语言学。有人问他，您是理科生，为什么改教语言学。他说就是觉得语言学好玩。他是按照好玩儿这个兴趣，定下了一生的志向，成为一位语言学家。他在清华教什么呢？一是普通语言学，一是中国音韵学，还有一个是现代方言。用现代方法研究中国方言，就是从赵元任开始的。他在 1926 年的时候，带着助手，跑了一趟吴语地区。这之前中国有两种 yuè 语，一是广东粤语，一是吴王金戈越王剑的那个越语。后来，为了区别于粤语，赵元任把越语改成了吴语。赵元任坐火车，去吴语地区进行研究。他从南京出发，走京沪杭铁路，每一站都停，找当地的学生做录音人，记录他们的发音。如果找不到住的地方，就住车站，或者住农民家里。有一次他和助手为了省钱，坐4等舱，最差的一等，因为太累，他俩睡着了，等醒来以后发现四周漆黑一片，原来火车头挂着1、2、3等舱走了，把4等舱给落下了，助手说这怎么办啊，赵元任说咱都困成这样了，管它呢，先睡一觉再说，第2天等别的车再走。就这样跑了3个月，一路非常艰苦，回到北京以后，赵元任出了一本书，《现代吴语的研究》。这是我们中国人用现代方法研究方言的第一本书，到现在，大家仍可以在网店买到。

赵元任特别有语言天赋。

他的中学时代在南京度过，读的是非常棒的金陵中学，学生们来自五湖四海，赵元任那时候就能用8种方言和他们对话。我的研究生们怀疑，我是否夸大了赵元任的语言天分，其实，我原来也怀疑赵元任的语言天赋是被神化了，但认识了湖南卫视主持人汪涵之后，我才知道真有人在语言方面是有神奇天赋的。有一次，从闽南来了一个嘉宾，我们只在贵宾室聊了小小一会儿，汪涵便能用闽南话跟这人交流了，他也许能在瞬间发现语言规律，很快举一反三。所以说，像赵元任这种级别的语言学家会多种方言，我觉得完全没问题。英国有一位哲学家叫罗素，罗素1920年访华，进行巡回讲学，要去很多地方，当时赵元任在清华当讲师，被聘为罗素的翻译，罗素有一站要去长沙，路上赵元任发现旁边坐着一个长沙人，他就跟他学长沙话，等到了长沙，因为听众都是长沙人，赵元任已经能把罗素的英语翻译成长沙话了。

赵元任有一个长达一小时的段子——《全国旅行》。这段子讲什么呢，讲一个人从北京出发，走河北进山西，再到河南，从河南去陕西，从陕西回到河南以后再去云贵川，从云贵川进广西广东，到福建，沿东部沿海到山海关，从山海关进东北，从东北再回到北京，每讲到一个省，赵元任就用这个省的方言来介绍风土人情和土特产，滔滔不绝讲一个小时，展现各个省的方言。

赵元任的外语也非常好，他在中学时代，就学会了英语、德语、法语。他特别得意的一件事儿是，他到世界上许多地方，都会被当地人认为是老乡。有一次他去巴黎，他跟行李员说巴黎土语，巴黎人说，哎哟你可回来了，但是巴黎比以前穷了！他去柏林，说柏林德语，柏林人对他说，哎哟，上帝保佑你，你终于躲过了这场战争回来了。其实，这是赵元任第一次去巴黎和柏林。

赵元任一辈子会多少种语言呢，会 33 种中国方言，精通英语、德语、法语。

赵元任在清华做的第二件事是教书。我的本科是在北大中文系，我读的是中国文学专业，另有一些同学读汉语专业，中国文学专业和汉语专业在外人听起来似乎差不多，其实差老远了。汉语专业的学生到中国文学专业来，一切都听得懂，而我们中国文学专业的学生去汉语专业，啥也听不明白，各种符号呀，公式呀，图表格呀，基本看不懂。所以汉语专业的学生说，你们中国文学专业学的是意思，我们汉语专业学的是科学。汉语专业的使命，就是赵元任留下的用科学的方法研究语言，而中国文学专业的人，不一定能弄懂那些理论。

当年，考进清华国学院的学生，报语言学的人极其少。1926年，清华国学院一共招了 28 个学生，这些人中，只有一个人选了赵元任做导师，这人是谁呢，就是后来北大中文系汉语专业的王力先生。只有王力一个人敢报语言学，因为他自己也是一个语言上非常有天分、一辈子会 7 种语言的人，连越南语和高棉语都会，是一个学霸。当年清华国学院招生有个条件，首先你要本科毕业，换句话说，清华国学院招的是研究生，如果本科没毕业，那必须有一些著作成果。王力当时在上海读大学，是大二本科生，但他国学功底非常厉害，所以被破格录取，在赵元任门下，同时梁启超做他的辅助导师。

梁启超和赵元任教课的方法和带学生的方法截然不同，梁启超总是以鼓励的口吻说，你非常棒，但赵元任极其苛刻，总说你这做的是什么东西呀！王力在两位导师的交错教导下完成了学业，梁启超总是给他鼓励和信心，赵元任让他如履薄冰，战战兢兢。我上学的时候去王力先生家，看到墙上挂着梁启超写给他的字，我当时弄不清梁启超和他的具体关系，只听说梁启超是他的老师，所以给他写了这幅字，让我很是羡慕，其实王力先生的正导师是赵元任。

后来我这个岁数的人认为是一级大师的语言学家，比如吕叔湘和朱德熙，其实都是赵元任的学生。

赵元任在清华时期做的第三件事是音乐创作，这跟清华不大相关，应该是他的个人爱好。

中国第一首流行歌曲是什么，互联网上说，是 1927 年黎锦晖的《毛毛雨》，实际上，赵元任的《教我如何不想她》是1926年，比《毛毛雨》早一年，所以《教我如何不想她》应该是中国的第一首流行歌曲。这首歌的歌词，是刘半农1920年在伦敦留学时，因为生活特别紧张，因而特别怀念祖国而写的一首诗，原名叫"情歌"，赵元任1926年把它谱成歌曲时，把名字改成了"教我如何不想她"。

这个"她"字，在古代中国念jiě，是"姐姐"的意思，五四学潮之前被借用过来专指代女性第三人称，读音改为"tā"，此前女性第三人称是"伊"，刘半农写了这首诗，特别是这首诗被赵元任谱成流行歌曲之后，"她"字新意传进千家万户，大家开始用女字旁的"她"专指女性第三人称。

这首歌当年特别流行，很多人想认识一下词作者是谁，有一个青年人就曾向赵元任提出过这种请求。正巧有一天，刘半农来清华照澜院1号作客喝茶，半途中那个想认识刘半农的年轻人来访，赵太太杨步伟跟他说，这位刘复教授就是《教我如何不想她》的词作者，这年轻人大惊失色，说我以为是帅哥，怎么是个老头？据说刘半农回家后，觉得这事儿好玩，便写了一个顺口溜自嘲："教我如何不想她，请进门来喝杯茶。原来如此一老叟，教我如何再想她？"其实，这首歌1926年流行的时候，刘半农才35岁，他死的时候也就43岁，从来不是老头。这只是一个讹传佳话，把他编排成了一个老叟。

赵元任后来变成了美国人，1973年回了一次中国，1981年临终前又回来一次，那时他不停地应邀演唱《教我如何不想她》，唱完后好多人问他，教我如何不想她，"教"到底应该念 jiāo，还是应该念 jiào，"她"到底是男的他还是女的她，赵元任说，"教"，你怎么读都行，读 jiāo，读 jiào，都可以，"她"，你怎么理解都行，可以理解成一个女人，也可以理解为一个男人，但我要告诉你们，刘半农写这首诗的时候，"她"实际是他心中的祖国，他在英国活得实在太不痛快，吹着微风，看着蓝天，就想起了祖国。

1927 年，赵元任创作了大合唱《海韵》，也很著名。1974 年台湾拍《海韵》电影，里面那首歌就是根据赵元任的《海韵》改编的，现在在互联网上，仍然可以搜到邓丽君演唱的《海韵》。

赵元任在清华做的第四件事儿，跟教学不相关，完全是教师关系问题。隔壁 2 号不是住着陈寅恪吗，陈寅恪来清华任教时，已经 36 岁，但仍未结婚，赵陈两家有个交易，赵元任家的书没地方放，放在陈寅恪家，陈寅恪每天去赵元任家蹭饭，陈寅恪有一次吃饭时说，我喜欢婚姻，但我不想成家，赵元任听了笑道，你不能让我太太一辈子做两家人的饭，后来赵元任介绍北京女子师范大学的体育老师唐篢给陈寅恪，她是台湾巡抚唐景崧的孙女，陈寅恪 38 岁的时候终于结婚了。

赵元任和杨步伟的婚姻也很有意思。赵元任家里最先给他包办了一个婚姻，他退掉这起婚事的理由是，女人比我大 2 岁不行，按照科学的道理，女人应该小一点，男人大一点。可是后来他娶了杨步伟，杨步伟比他大多少呢，比他大 3 岁！杨步伟出生在皖南一个望族，家里特别有钱，是奇女子。她考南京旅宁学堂时，作文题是《女子读书之益》，杨步伟写道："女子者，国民之母也。"在她心中，女性的地位是很高的，所以她看不起男尊女卑的社会现实。她在东京帝国大学得到医学博士后回国，在北京绒线胡同跟几个同学合办森仁医院，只设妇产科和小儿科，她决定一辈子不结婚。产科医生一辈子不结婚的，有好几位，比如北京协和医院的林巧稚。杨步伟也不想结婚，但20年代初，赵元任爱上杨步伟，并在中山公园表白了心声，他以为杨步伟会拒绝，但杨步伟听了赵元任的话，转回身，竟然答应了，不久两人在中山公园照相订婚。这俩人，一个是绝不娶比自己大的女人，一个是一辈子不结婚，最后他们都放弃了信条，成了夫妻。

他俩认为自己是新人，要走出一条结婚的新路，所以决定不办婚礼，不通知所有亲朋好友，只找两个证婚人，一个是胡适，一个是杨步伟的女同事，把两个证婚人请到家里，杨步伟做四个

赵元任一家

家常菜，从抽屉里拿出婚姻证书，请两人签上字，就算结婚了。同时，他俩告诉国内外亲朋好友，我们结婚了，不收任何彩礼，送来的会一并退回，但如果您寄的礼品是文字贺卡和音乐作品，我们愿意收下。赵元任有一个姑姑，非常喜爱他，送来一个特别精美的水果花篮，却被赵元任给退回去了。后来赵元任很后悔，说我为什么不能把它看成是立体的文字贺卡呢，觉得当时退还这件礼物太生硬了，伤了姑姑的心。

　　杨步伟自结婚以后，为了赵元任，牺牲了自己的所有事业，辞职当了全职太太。尽管她不是清华教师，只是清华教师的家庭主妇，但在清华园里，她甚至比赵元任还有名，为什么呢，因为做菜好吃。

　　赵家特别好客，王力做赵元任的学生时，赵元任授课，指导论文，常在家里，上完课就吃饭，杨步伟跟王力说，不要怕嘴馋，不要怕吃得多，咱吃得起。到了周末，赵家全是人。因为人多，屋子里吃饭坐不下，赵家发明了一种室外会餐方法，叫"立取食"，大家站着取来食物吃，其实就是现在的自助餐。大家一是觉得这种方式特别新鲜，尤其是小孩子们特别喜欢，二是其他家庭主妇觉得赵家的餐饮工具特别新奇，比如说镂花的纸巾，临走的时候，都要拿回一叠，放在家里保存。杨步伟觉得还不过瘾，怕大家吃不好，于是在清华二校门旁边找了3间房，把它们改造成餐厅，从城里请来一个有名的大厨，召集大家吃饭。

　　赵元任一家后来去了美国，在第二次世界大战时期，他在美国的家变成了清华留美学生的驿站。有一段时间，他家住了100

多人，都是些潦倒没有生活来源的学生，吃饭的时候，他家的锅碗瓢盆不够用，于是就用洗脸盆当饭碗。杨步伟依然非常好客，也喜欢厨艺，她在美国写出了《中国烹饪》，请女儿和赵元任翻译成英文，成了美国的畅销书。

赵元任为什么会成为美国人，有一种说法是，他是被李济气跑的。抗日战争初期，史语所南迁，赵元任带着语言组先行，因为他人脉广泛，找交通工具比较方便，所以他带着大队人马很快到了昆明，住进拓东街，房子不错。李济没那么好的人脉，他带着考古组跋山涉水，绕道越南，最后才到昆明，住进翠华街，居住条件不好，而按照之前的规划，李济的考古组应该住拓东街，赵元任的语言组应该住翠华街，所以李济一到，就发了大脾气，赵元任见势，说我让着你吧，不仅住处对调，而且我干脆告别了中国。所以有一种说法是，赵元任离开中国，变成美国人，就是因为这件小事。

想想看，李济当年生命垂危，是谁救的他？是赵元任的太太！所以说，李济就这么一个脾气，翻脸不认人。

不过我个人总是觉得，这是为了美化一位名师，流传甚广的一种说辞。缓解彼此矛盾，换了地方住不就得了，干嘛非去美国不可？所以我猜测，可能是逃难过程中，赵元任目睹溃败惨景，体会到了特殊的艰苦，他判断中国没戏了，对抗战丧失了信心，于是才去了美国的。我觉得不应该避讳这件事的真实原因，赵元任那时一定没想到，中国高端人才出炉率最高的，恰是西南联大时期，而他却去了美国，变成了美国人。

中美关系隔绝了很久，一直到尼克松总统访华，中美才恢复了关系。作为一个美国人，赵元任回访祖国，已经是 1973 年。那时候中美刚刚恢复关系，中国特别重视赵元任，就像重视杨振宁一样，所以周总理接见了他。1981 年，中国社会科学院请他回国录方言，邓小平又接见了他，北大还赠予他名誉教授的职位，送给他一枚校徽，他特别高兴地唱了他在 1922 年创作的歌曲《卖布谣》，一首无锡话的歌曲，又朗诵了一段《爱丽丝漫游奇境记》，那是他 1922 年翻译的英国作家卡罗尔的作品。这两次回国，还有一件特别重要的事——回清华照澜院 1 号，追思往昔的生活——每次他都特别感动，特别是 1981 年那一次，他摸着门柱，想起离开祖国那么久，想起清华岁月，想到这一生即将过去，睹物思情，不禁哭了起来。

我的研究生在《忆闻》录制现场问我，像赵元任这种社会活动特别多或者研究范围特别广泛的学者，是不是很难在一个领域里挖得特别深或者成就特别显著。我的理解是：横跨多界的学者，他们可能有一些成果少，但仔细衡量这些成果的学术水平，都不是太高，毕竟人的精力是有限的；但对当年那些学术开拓者，评价其成果的方法，要看他们对当时的社会和后世学术产生过什么样的影响，有影响，便足以说明他们的水平，而不能按现在的标准，说你出了多少著作，这些著作的质量是什么水平。赵元任的影响是相当巨大的，而且他的语言学著作达到的高度，即使今人也很难超越，他还创造了中国第一首流行歌曲，我们的流行歌曲发展成现在这么大的规模，鼻祖是他，所以非常了不起，另外中国印刷品第一次使用横排版，文字排列从左到右，并且使用标点符号，也是从赵元任开始的。早在 1914 年，赵元任在美国本科毕业，他和任鸿隽在上海办起《科学》杂志，第一次用横排版和标点符号，这对中国人的改变是巨大的，以前我们看古书，是上下点头，似乎是对内容的全盘认可，后来是左右摇头看，似乎充满了质疑，这种行为的改变会带来心理上的潜在变化，默默地改变中国人的精神状态。

赵元任在清华国学院的几个导师中，影响比较大，可能是因为他的通俗音乐作品使然，而他的学术研究，比如语言学研究，一般人很难弄懂，我只是确信，没有多少人能像他那样，掌握近 40 种语言（包括方言），所以直到今天，他依然是语言学研究的一座高峰。

李济：最后一个迷人的学阀

这是清华照澜院，中间的运动场是它的中心，它的东边和北边是中式房子，西边和南边是西式房子，过去很洋气，现在私搭乱建成了出租房，看起来凌乱不堪。

照澜院是 20 年代初建的，当时叫"南院"，1934 年，清华在南院的南部建了新林院，人称"新南院"，这里便成了旧南院。1946 年，清华从昆明回北京复校，朱自清教授提议，按照"旧南院"的发音，给它定一个雅致的名字，于是就叫"照澜院"了。

大家都说清华国学院有四大导师，我是这样看，清华国学院一共有五位授课教师，四位是教授，一位是讲师，但甭管是教授还是讲师，他们都是国学院的导师，所以算上李济，清华国学院应该是五大导师。为什么别人是教授，只有李济是讲师，有人说是因为他岁数最小。王国维和梁启超是 50 岁上下，陈寅恪和赵元任 30 多岁，只有李济是 29 岁。其实，李济没聘教授，主要是因为他已经受聘华盛顿弗利尔艺术馆，清华有规定，兼职教师不能聘教授，只能聘为讲师。

李济最早是清华学堂的学生，后来考上官费留美，在麻省克拉克大学学心理学，与徐志摩同班，而且同宿舍。那时候，徐志摩永远是班里第一，李济是第二。本科毕业后，李济觉得心理学不科学，没法用科学数据来证明心理活动，所以他转而攻读社会学硕士，徐志摩去哥伦比亚大学改学银行学。最后，李济去哈佛人类学系，拿下了博士学位。李济的爸爸给自己起了个外号，叫"博父"，意思是博士之父，特别骄傲自己有个博士儿子。

李济进清华有三个契机。第一个契机，是他从美国留学归来，在南开教人类学，南开校长张伯苓 1924 年年底问李济，人类学的好处是什么，李济听了非常不高兴，他觉得校长问这话，意思是说你能不能教点有好处的东西，所以李济回答说，人类学什么好处也没有，他觉得继续留在南开是浪费才能，要找一个好去处。第二个契机是，华盛顿的弗利尔艺术馆组织了一个中国考古发掘队，但他们不熟悉中国，想找一个中国学者来主持，他们就找到了李济，李济辞别南开，决定利用外资搞科研。第三个契机是，正在这个时候，梁启超为清华组建国学院，他是考古学会会长，但他不大懂现代考古，希望把李济介绍到清华，让他讲授现代的科学考古。三个契机合在一起，1925 年曹云祥校长发出聘书，李济应聘为清华国学院讲师。按现在的话说，李济是带着项目进清华的。

李济发表了一个演讲，说中华大地下面到处是宝，只要你弯身捡，一定能捡到，你会发现，中国的古代不是 5000 年，而是十二万五千年。

弗利尔艺术馆的中国考古项目是 1924 年年底来找李济，但直到两年后，双方才谈妥合作原则。因为李济提出了两个不容置疑的条件：第一，外国人到中国来考察，一定要有中国学术团体参与；第二，所有考古发掘的古物，为中国所有，必须留在中国。美国人不同意，他们认为发掘经费是自己出的，发掘出来的东西就应该为我所有。李济寸步不让，坚持所有发掘出来的古物，必须留在中国，不能出境。后来国民政府的文物保护法和新中国的文物保护法，基本都遵循了李济提出的这两条原则，就是外国人来考古，必须经国务院特批，有中国人参与，而且所有出土文物归中国所有。1926 年，李济在清华国学院任职一年后，美国人最终答应了，决不会要求一个爱国的人做他不愿意做的事。

于是，李济开始主持弗利尔的中国考古队，筹划出田野。

中国人主持现代意义上的科学考古，是从李济开始的，当年考古条件十分艰苦，李济被称为"锄头考古学家"，他的考古队被叫做"马背上的考古队"。

1926 年，李济和隔壁邻居袁复礼一起，去山西考察。

他们选择了山西的南部，在运城附近，因为尧舜禹是山西人，尧的都城在临汾，也就是柴静的老家，舜的都城在永济，禹的都城在夏县，而且死在夏县，禹把王位禅让给伯益，但他死后，贵族们却拥戴禹的儿子启，从此把禅让制度变成了王位继承制度，进入奴隶社会，启建立了夏朝，所以那个地方被称为夏县，这些故地全在运城附近。

西阴村遗址

李济和袁复礼最终确定的目标是夏县，那里是传说中的夏朝都城，但一直没有确凿的实物证据，不是信史。他们来到夏县西阴村，发现那地方大有可为。

不过，李济不幸得了斑疹伤寒，被送回北京。李济昏迷不醒，情况非常危急。但李济的爸爸是笃信中医，在用中医偏方耽误着救治时间。照澜院1号住着赵元任导师，赵元任的太太杨步伟是医生，是日本留学回来的医学博士，她跟李济的爸爸说，你这可是独生子，你再这么耽误下去，这儿子就没了。杨步伟不跟李济的爸爸商量，自作主张，把李济送进了医院。医院说，再晚来几小时，这人就完蛋了。

1926年冬天，李济完全复原了，他和袁复礼回到西阴村。

　　李济率弗利尔发掘队在西阴村考古，是有史以来中国人第一次主持现代考古发掘，他把大坑分成若干方格，便于一个格一个格地发掘。李济说，每一格的土，我都是用 5 个手指头筛出来的，所以筛得极细。如果我们去台北故宫，会看到那里陈列着的半个蚕茧，那就是李济在西阴村发现的。李济后来去了台湾，他把这个蚕茧带到了台北故宫，成了镇馆之宝。

　　黄帝有一个夫人叫嫘祖，是中国桑蚕养殖业的发明人，嫘祖的家乡就在西阴村。传说中，在黄帝时期，我们已经有了桑蚕纺织业，但是一直没证据。李济找到这半个蚕茧，大致可以证明，当年已在养蚕抽丝，可以做丝绸了。

　　西阴村考古，1926 年年底结束，成果颇多。李济找来 50 多匹骡马，把 9 大车新石器时期的文物从山西运往北京。所谓新石器时期，是公元前 8000 年至公元前 2000 年。1927 年年初，李济回到北京时，清华国学院给他开了一个茶话会。李济的助手把蚕茧端上来，学生们抻着脖子看，大家议论纷纷，因为这半个蚕茧，有一个仿佛是金属切出来的切面，可新石器时期只有石器，没有铁器，怎么可能切得那么平整。王国维导师是甲骨文

李济在西阴村发现的蚕茧

专家，他说加拿大人告诉我们，甲骨文不是用金属刻的，那时候没有金属工具，都是用耗子牙刻的。李济从兜里掏出一个跟石英一样的特别坚韧锋利的石片，说当年的人拿这东西，就可以把蚕茧切开。

但是我一直没弄懂一件事，桑蚕纺织，是不用在蚕茧上切那个口的。为什么要切个口呢，蚕作茧自缚，作完茧就变成了蛹，蛹在蚕茧里面变成蛾子，你要是想把蚕茧留下来，就不能让蛾子在里面拉粑粑，弄脏了不好看，所以必须剪一个口，让蛹钻出来，在外面变成蛾子。如果要抽丝纺织，把蚕茧往热水里一放，就把蚕宝宝煮死了，再拿筷子使劲晃动，蚕茧里就会出来一个丝头，把丝头拉出来大概有七八米长，这就是丝绸的丝，根本不用切那个口。所以我不知道当年为什么要切这个口，也没看到李济他们如何解释这个问题。如果切了那个口，就意味着抻出的丝是断的。总之，这个问题，我没弄清楚。

李济从西阴村回来以后，写了《西阴村史前的遗存》，出了一本书。

梁启超有一个儿子，叫梁思永，他在美国哈佛大学读考古学的时候，也跟着李济去了西阴村，他提交的硕士毕业论文研究的是西阴村的陶器，是李济指导他完成的。

这是第一次由中国人主持用现代方法进行野外考古，有人会质疑他们到底行不行，因为早期考古跟盗墓似的，拿着铁锹往里生挖。其实，李济做得不错，他在哈佛学的是人类学，人类学跟考古特别相关，有一个暑假，李济帮老师清理了 500 个埃及人的头骨，那都是出土的东西，他在学习人类学的过程中，学了很多考古知识。不过，李济是中国第一个人类学博士，梁思永才是第一个考古学博士。李济有考古学常识，又有梁思永做他的助手，所以他们做得很专业。

这就是李济在清华国学院的情形，他经常出田野，很少在校内教书，所以没给他教授只给他一个讲师职位，我觉得差不多，他带来了一个项目，一直在外考古，又不一定带学生同去，只是把考古的一些经验、理论、实物拿回来教给学生。

1929 年，中央研究院成立历史语言所，简称"史语所"，傅斯年是所长，他聘李济当考古组组长，李济从此辞别清华。所以李济在清华的时间很短，1925 年聘进来，1929 年就走了，他在清华时对学术的贡献，就是西阴村考古。但他一辈子最大的贡献，是他去了史语所之后在河南殷墟的考古发掘。

殷墟考古，从 1929 年到卢沟桥事变，一共发掘了 15 次，李济亲自主持的有 5 次，深入视察的有两次，所以一半次数跟他相关，贡献特别大。

启动殷墟考古时，中国人的态度是保守的。戴季陶曾给政府一个提案，要废除考古，他说我们中国人不要这东西，这是在侵犯祖先。这是官员对考古的看法。而民间的情况，按李济的话说，我们中国的盗墓史，甚至比我们的丧葬史还长。也就是说，尽管官员认为考古是侵犯祖先，但祖先的墓已经快被民间盗光了。李济 1924 年的时候，在丁文江资助下，去过郑州新郑，要发掘一个郑国国君的大墓，他发现那墓早就被盗空了，什么都没

殷 墟

有，晚上，突然枪声大作，不知是军阀在打仗，还是盗墓贼来抢东西，李济逃了出来。所以考古环境很差，官员不支持，民间一直在盗墓。就是在这样的情况下，殷墟考古启动了。

为什么要在殷墟进行考古发掘呢？因为传说商的都城原来在山东曲阜附近，到了第 20 代商王盘庚的时候，迁到河南安阳，命名为"殷"，作为商的新都。这些都是传说，一直无法证实是信史。或许殷墟考古，可以证明，这些传说是真的。

1929 年年初，殷墟考古启动，参加挖掘的都是小屯村的农民。为了给他们作表率，李济首先要求一点，我们所有做考古研究的人，都必须终生不搞收藏，让农民看到我们是做科学研究的，绝不用我们的专业去发财。他告诉这些农民，我们是发掘队，不是挖宝队。

考古学家不收藏，这个作风，一直延续到了现在。李济死的时候，家里没有一件文物，他儿子收到的遗物，只有台北故宫博物院送给李济的几件仿制品。我当年不知道，我去找北大考古系系主任李伯谦教授时，曾说您懂考古，一定有好多真正的藏品，也一定知道各种古物的价码。李教授说，我们从李济开始，就从来不收藏，所以到现在为止，我们家没一样收藏品，我也从来不给别人定价。李济当年定下的规矩，直到现在，两岸考古学家都还遵循着。现在的考古所，如果谁家有收藏，他就一定不是合格的考古工作者。那些鉴宝的也都不是考古学家，那些动不动上电视鉴宝的人，可能是博物学家或者是收藏家，都不是考古学家。

1929 年 10 月，殷墟第三次发掘，但被迫中断。因为河南政府派来了一支挖宝队，致使考古发掘停顿了一年。

李济在这段时间做了两件事：第一，鉴于盗墓情况严重，他呼吁政府一定要颁布一个文物保护法，所以 1930 年国民政府颁布了《古物保护法》，像后来的《中华人民共和国文物保护法》一样，规定所有地下宝藏归国家所有，私人不得挖掘，除非经过政府批准；第二，河南有仰韶文化，大概在公元前 3000 年到 5000 年，李济从河南殷墟转到山东龙山镇，主持龙山文化的考察，发现龙山文化离现在更近一点，在公元前 1900 年到 2500 年，而龙山文化之后才是公元前 1000 年到 1600 年的殷商文化，这三种文化依次是仰韶文化、龙山文化、殷商文化。1931 年梁思永博士毕业，从美国回来，在殷墟证实，我们中国的地层分三层，盖在最上面的一层是殷商文化层，中间一层是龙山文化层，最下面是仰韶文化层，这叫"三叠层"理论，后来河南政府的干扰解决以后，考古队继续在殷墟小屯村进行发掘，而且开始采用梁思永的三叠层理论，原来是水平发掘，现在是垂直发掘，一层一层地发掘。

另外，李济还提出了一种理论，叫类型理论，对所有发掘出来的器物，不再根据它们的用途来分类，而是根据它们的形状、外观比如颜色和彩纹、材料来分类。也就是说，一个地层法，一个分类法，都是在殷墟考古过程中确定的。

殷墟考古最大最棒的发现，是1936年发现的甲骨坑，叫127坑，这里面有一万七千多片甲骨，上面的甲骨文终于让我们知道了，殷商那些传说，实际上是信史。

国博的镇馆之宝过去叫司母戊鼎，现在叫后母戊鼎，商朝人写字，朝左朝右不严格，过去认为是"司"的这个字，其实是向右倒过来的"后"字，这后母戊鼎就是在殷墟发现的。也就是说，除了大量的甲骨，殷墟还出土了大量的特别精美的青铜器，这让我们很难想象，远在商朝那个年代，在文字还那么简陋的情况下，金属工艺水平已经达到了不凡的高度。

因为殷墟考古，一套现代化的考古方式被确定了下来，哈佛人类学系主任张光直在1981年说，现在中国的考古仍活在李济时代，此外，殷墟考古还留下了一大套考古学家的班底，比如说留在大陆的考古所所长的夏鼐和尹达，都是李济的学生，还有一些弟子被李济带到了台湾，总之两岸最棒的考古学家，都曾参加过殷墟考古，所以殷墟考古被称为"中国考古学家的摇篮"，再有，殷墟考古把中国确切的历史，从公元前 8 世纪的周朝往前推了六七百年，推到了公元前 14 世纪盘庚迁都那个时候。

在中国的 100 项考古发现中，内容和质量最高，影响最大的，是殷墟考古，它一直排在第一位。李济很为此得意，临去世前几年，他还用英文口述的方式，出版了《安阳》这本书，回忆从 1929 年到 1937 年的殷墟考古过程。

八卦之心，人皆有之。像李济这样的大师，在生活中，到底是个什么样的人，他的学生宋文薰说，李济是个被上级、同僚、晚辈、学生害怕的人，李敖说，他"严肃而不可亲，气量狭窄小气，态度跋扈专横"，但又承认他是"最后一个迷人的学阀"。也就是说，李济确有吸引人的真才实学，但脾气非常大。

李济的学生特怕他，其实同事也怕他。胡适从美国回到台湾，跟李济有了比较近的接触。过去，一个在北大，一个在清华和史语所，距离比较远。近距离接触后，胡适写日记，说李济这个人根本没法相处，尤其是他颐指气使的态度，让人无法接受，而且，这个人最大的缺点是，他从来不为别人考虑，他人不坏，就是脾气实在难以忍受。有一种说法，说胡适是被李济气死的，的确，他们之间确实有过节，在中央研究院的酒会上，李济发言后，胡适心脏病突发去世。

李敖说李济 31 岁就做了学阀，他自己不做研究，也不给别人机会，殷墟考古，有头没尾，上古考察计划，迟迟拖延着不开始。但李敖不认为李济是个不可取的人，他说他是"最后一个迷

人的学阀"。

李济去了台湾。像他这样的人，如果没去台湾，可能受到严重迫害，如果去了台湾，他的名字会在历史中抹掉。所以，好多人不知道李济。我是因为2001年清华九十年校庆，为凤凰卫视写校庆专题片，这才知道了李济，之前我也没听说过这个名字。从新中国成立开始，一直到70年代末，我们的历史中和考古学界，就没了这个名字。李济的学生夏鼐留在大陆，做了考古所所长，他写文章时不会提李济的名字，而是用"当年主持殷墟考古的那个人"来代替。

1959年，郭沫若点名批判李济，引起了大批判，致使李济留在大陆的学生要首先颠覆老师。他们不光是把老师的名字抹掉，而且要跟他划清界限。夏鼐翻旧账说得最多的，是西阴村考古发现的那半个蚕茧。夏鼐认为，这一定是后人混进黄土的，因为蚕茧不可能在黄土里保存五六千年，当年也没有锐利的工具能把它切开。再有，李济认为殷墟文化是多元的，所谓"多元"是指在那么早的年代，人类已经有了交往，所以殷墟的哪些东西像是越南的，哪些东西像是中东的，哪些东西像是东北部落的，而夏鼐认为，殷墟就是我们的中国文化，是一元的，把李济批得够呛。

尹达说，李济的古物类型学是资产阶级的分类方法，劳动人民要讲器物的用途，而李济抛开用途，只用外观和材料来区分古物，这是典型的资产阶级作风。这种分类科学不科学呢？咱作为外行，会认为应该是既考虑用途又考虑外观，合在一起做分类，但李济肯定有他的道理，他可能是从判断年代上考虑，所以只看外观和材料，至于这些古物是盛粥用的，还是喝酒用的，其实并不重要。

大陆批判李济，李济也批判大陆。

不过再晚些时候，李济也开始引用大陆考古的资料。从西安发现了半坡遗址以后，我们开始考古专业化，所以李济从半坡考古以后，也会使用一些我们的数据。

直到1979年，李济去世，我们的历史材料才开始恢复他的名字，但是他长时间从我们中国人的记忆中抹掉过，所以我们对他特别陌生。李济死后，他把存款留给了他在大陆的儿子，他儿子想用这笔钱设一个李济奖学金，大陆没同意，说是不能用去了台湾的人命名奖学金。

被从历史中抹去的人很多。李济1929年从照澜院9号搬走，1931年，9号来了新主人，叫张申府，清华哲学教授，这也是一个从中国人记忆中抹掉的名字。

张申府是共产党的创始人。陈独秀、李大钊、张申府1920年创建北京共产党。在党史中，我们说是1921年建党，所以把1920年建立的所有类似组织都变成了"共产主义小组"，包括陈独秀、李大钊、张申府1920年创建的北京共产党。

张申府是周恩来和朱德的入党介绍人。共产党在国共合作中占有一个重要的军事席位，始于周恩来做黄埔军校政治部主任。当初，政治部主任是戴季陶，副主任是张申府。戴季陶不想干，所以不久就走了，主任空缺，张申府没有继位做主任，而是拼命

推荐周恩来继任，周恩来从法国回来的路费也是张申府出的。所以，周恩来 26 岁就做了政治部的中将主任，是张申府一手把他推上军政舞台。

张申府和陈独秀两个人的脾气都不好，所以闹崩了，于是就退党了。所以在党史中，没了张申府的名字，尽管他在历史中曾经相当重要。

最后说一句，李济被称为"中国考古学之父"，现在很多大学的考古学专业仍在使用李济的教材，田野考古也用的是他的方法，张光直说，迄今为止，在中国考古学这块广袤的土地上，没有一个人能超越他，很难想象这样一位重要的人物，在很长一段时间里，竟完全从我们的视野中消失了。

《忆闻》自媒体工作人员名单

总策划兼主讲人：阿　忆

制作人：张　静

主　编：夏　磊

导　演：孙业杰　孙　嘉

摄　像：郑　童　王　宁　高　雷

后　期：李　军　郑　童

出　镜：吴姗姗　崔馨予　刘泽众　于天琳　胡恒帅
　　　　岳春泽　王雨思